AF311847

RECUEIL

D'EDITS,

DÉCLARATIONS,

LETTRES PATENTES,

ET

ARRESTS;

CONCERNANT

LA JURISDICTION

DES CHAMBRES DES COMPTES.

De l'Imprimerie de C L.-F R. S I M O N, *fils,*
1740.

TABLE
DES PIECES
DU PRESENT RECUEIL.

ORDONNANCE

ORDONNANCE

DU ROI PHILIPPES LE LONG ,

*DONNÉE au Vivier en Brie au mois de Janvier 1319. vers l'Epiphanie ,
portant réglement pour la Chambre des Comptes , contenant
vingt-cinq Articles.*

L E XXIII. Article de laquelle Ordonnance porte , que au cas qu'on
se plaindroit vers le Roi d'aucuns griefs , ou d'aucunes Sentences données en ladite Chambre , on ne donne commission ni Commissaires
autres que de ladite Chambre ; mais qu'audit cas on prenne deux ou
trois ou quatre personnes du Parlement , selon que le cas le requerra ,
avec gens de ladite Chambre , toutefois que mestier sera ; & que si on
y trouve aucune chose à corriger ou amender , qu'il soit fait en leur
présence.

LETTRE

DU ROI CHARLES V.

ADRESSANTE AU CHANCELIER DE FRANCE ,

*Pour ne passer ou sceller aucune Commission pour complainte qu'on fasse de
Sentences ou griefs donnés en la Chambre , & qu'il les renvoye en ladite
Chambre , & non ailleurs , pour en connoître.*

Donnée à Saint Oüain , le 7. Août 1735.

C OMME Guillaume Dupuis naguerres Grenetier du Grenier à Sel
établi à Vernon , par ses démerites & faussetés eust esté condamné par

A

Arreſt de notre Chambre des Comptes à Paris envers Nous , pour amende
deſdites fauſſetés qu'il avoit faites en ſes comptes , & ès comptes de
Jehan Luiſſier , en la ſomme de ſix mille francs d'or , & à tenir priſon
juſques à ce que ladite ſomme fuſt payée outre & avec ce qu'il pooit devoir par la fin deſdits comptes dudit Grenier ; & pour ce euſſent eſté mis
en vente les heritages dudit Guillaume , & délivrés tant aux achepteurs ,
comme aux Celeſtins de Mante , auſquels le Roy notredit Seigneur , a
donné trente livres de rente des heritages dudit Guillaume , pour con-
vertir & tourner ou payement de ladite amende ; & à ycelle délivrance
ſe feuſt oppoſé Pierre Solas , comme Procureur ſubſtitué dudit Guillaume ,
lequel propoſa pluſieurs choſes , qui étoient expreſſément contre la teneur
dudit Arreſt , en diſant que les Gens des Comptes ne pooient ne devoient
faire du cas Criminel Civil : Et que ledit Guillaume avoit eſté indeuement
condampné , avec pluſieurs autres parolles deshonnêtes , qui eſtoient contre l'honneur & eſtat de ladite Chambre ; & pour ce li fut dit qu'il l'a-
mendaſt , lequel le delaya ou contredit : Pour laquelle choſe commandé
fut à l'Uiſſier de ladite Chambre , qu'il le menaſt en priſon en Chaſtelet ,
de quoi ledit Procureur appella , & aſſez toſt après vint au Burel de ſa vo-
lenté , & amenda en Jugement ce qu'il avoit ainſi parlé & dit contre ledit Arreſt & l'eſtat de ladite Chambre. Et pour ce que depuis il vint à la
cognoiſſance deſdits Gens des Comptes , que ledit Procureur s'étoit plaint
ſur ce en Parlement , & avoit impetré un adjournement en cauſe d'appel
contre leſdits Gens ou aulcuns d'eulx , les Lettres duquel adjournement la
Chancellerie refuſa à ſceller , pour ce qu'il avoit vû en la Chambre des
Comptes , les Ordenances Royaulx qui ſont au contraire. Le Roy enfour-
mé plainement de ce , & par lui veues les Ordonnances Royaulx ſur ce
faicts , & à lui leues de mot à mot , volans icelles eſtre tenues , octroya
ſes Lettres de mandement adreçantes audit Chancelier , deſquelles la teneur s'enſuit.

DE PAR LE ROY.

CHANCELIER , Nous attendues les Ordenances Royaulx faites
par nos Prédeceſſeurs , Vous mandons & deffendons expreſſément que
vous ne paſſez ou ſcellez Commiſſion ne adjournement aucuns pour com-
plaintes , que aucuns faſſent de Sentences ou griefs qu'ils voudroient ,
maintenir contr'eux avoir eſté faits en noſtre Chambre des Comptes à
Paris , par les Gens d'icelle tenans le Siege en ladite Chambre , ne ne donnez ſur ce autre Commiſſaire que de ladite Chambre , contre la teneur
deſdites Ordenances : Mais ſe aucuns s'eſtoit efforciés ou efforcoient ou
tems advenir de faire ou impétrer le contraire, remettez le , ou faites remettre au premier eſtat & deu , en renvoyant tout en noſtredite Chambre &
non ailleurs , pour en cognoiſtre & ordener ſelon ce qu'il appartiendra
par raiſon. Leſdites Ordenances gardez ; CAR tel ainſi le voulons Nous
eſtre faict , & pour cauſe. DONNE à Saint Oüain , le ſeptiéme jour d'Aouſt ,
l'an de grace mil trois cent ſoixante & quinze , & de notre regne le douziéme ; & eſtoit ſignée en la marge ainſi , CHARLES.

Lesquelles Lettres furent baillées audit Chancelier le huitiéme jour d'Aouſt, l'an deſſusdit, & répondit qu'il ne feroit point le contraire deſdites Lettres.

LETTRES

DU DUC JEAN,

SERVANT à établir la ſupériorité de la Chambre des Comptes de Nantes ſur les Procureurs du Roi des autres Cours & Barres de Bretagne.

Du 9. May 1427.

JEHAN Duc de Bretagne, Comte de Montfort & de Richemont, ſçavoir faiſons ; Que comme pour ce Nous avons entendu la complainte & clameur d'aucuns de nos ſubjets , diſans que par nos Cours & Barres pluſieurs de nos ſubjets , nobles perſonnes , giens d'Egliſe , pouvres giens , & autres qui ont été & ſont adjournés , pourvûs , convenus & traités de notre Office , & après ce que ils ont eſté adjournés , ils ſont devenus en longs procez , ſans pouvoir avoir expéditions ne délivrance , comme l'en deuſt leur faire par termes & tems convenables , & ſuppoſe lors que les délitz & retardemens des expéditions des cauſes de noſdits ſubjets , qui ainſi ſont traités , ne ſont pas raiſonnables , ainçois ſont faits pour vexations des Parties , pour haines de leurs voiſins , ou autres manieres de faire contre raiſon ; & pourroit être ſupoſé que nos Procureurs ou leurs Clercs & complices en ont & attribuent à eux profits & pratiques peccunielx ſinguliers , jaçoit ce qu'ils voudroient dire , qu'ils le font en bonne maniere & à notre profit. Nous qui deſirons , comme à nous appartient , faire raiſon & juſtice à nos ſubjets , & que ſont des faits & cas qui nous touchent , tout premier & avant , avons à préſent délibéré par notre Conſeil , que pour obvier aux inconvéniens que ès cas deſſuſdits peuvent entrevenir de jour en jour , & pour ouvrir la voye de juſtice à noſdits ſubjets , les garder de paynes , vexations & griefs , que l'on dit qu'ils ont & endurent par telx adjournemens frivoles , & les delois de les expédier , comme l'en deuſt , *nos Procureurs Géneral & Particuliers* , vendront & ſoy comparoeſtront une fois en chacun an en la Chambre de nos Comptes davant nos Giens d'icelle , & tel terme comme par eux ſera ordonné & aſſigné à noſdits Procureurs & à chacun d'eulx , & *illec* monſtreront & apporteront leurs papiers d'office , pour voir la maniere & comment ils auront procédé envers les Parties qu'ils auront fait adjourner , & ſçavoir les exploits & concluſions des cauſes , afin de ſçavoir leſquels devroient eſtre délivrés & mis hors de proceix , & auxquelles amendes nous auroint eſté adjugées ; & pour ce mandons à noſdits Giens des Comptes qu'ils mandent & adjournent noſdits Procureurs , & chacun & leurs aſſignent jours & termes , telx , comme ils verront l'avoir à faire à venir , &

foy comparoir devant eulx pour leur montrer les papiers de leur Office,
afin de fçavoir les expéditions des caufes d'Office, par eux traitées & gou-
vernées aux fins & conclufions que dit eft: Et fi ils, ou l'un d'eulx en font
refrians ou délayans, les y compeller par voye de fait, tant par leur in-
terdire l'exécution de leur Office, que autrement, jufqu'à ce que par Nous
& notre Confeil foit en ce pourvu; auxquels Giens de nos Comptes Mandons & commandons en commettant en ce vacquer bien & diligeament,
& à nofdits Procureurs & chacun leur y obéir, & entendre fur peine de
privation d'Office, & tellement qu'ils n'en foient reprins de négligence.
DONNE' en noftre Chaftel d'Auray, le neuviéme jour de May, l'an mil
quatre cent fept; figné par le Duc. Par le Duc de fon commandement,
préfens l'Evêque de Nantes, l'Abbé de Saint-Mahé, Mᵉ Geoffroy Coglais,
& Mᵉ Hervé Mathias Bruneau; & fcellé en cire rouge.

E D I T

DE CHARLES VII.

Du mois de Decembre 1460.

CHARLES, par la grace de Dieu, Roy de France; fçavoir faifons à tous prefens & avenir, que comme d'ancienneté, pour le bien,
profit & utilité de nous, & de la confervation de nos droits de la Couronne & de la chofe publique de notre Royaume, il ait été par nos prédecefleurs Rois de France ordonné, accoutumé & gardé, qu'en la Chambre de nos Comptes à Paris, foient & doivent être vûs & examinés tous
les comptes & états des Tréforiers, Vicomtes, Receveurs & autres gens
qui fe font entremis de recettes de nos deniers & finances, à ce qu'aucune
chofe ne foit efdits comptes mis ne employés, ou délaiffés, à mettre au
dommage au préjudice de nous, & diminution de notre Domaine, auffi
pour obvier que l'on y mette ou employe aucune Lettre fubreptice, ou
non raifonnables pour dons, ou pour aucunes caufes, qui ne foient juftes
& veritables, & en notredite Chambre des Comptes, doivent être difcu-
tés, déterminés, clos, & affinés les comptes des recettes & mifes faites par
lefdits Tréforiers, Vicomtes, Receveurs, leurs heritiers ayans caufes, &
detemteurs de leurs biens, être contraints par autorité de nos amés &
feaux, Gens de nofdits comptes, à rendre & payer ce qu'ils font trouvés
devoir par lefdits comptes, tant pour la dépenfe de notre Hôtel, comme
pour les Fiefs, aumônes, gages d'Officiers & autres chofes raifonnables à
eux paffés & alloués en comptes, & avec ce, ait été ordonné, accoutumé
& gardé en notredite Chambre, *qu'à nos gens defdits Comptes appartient toute
connoiffance de caufe, quand aucuns font refus ou délay de obtemperer aux Lettres
de dons, remiffions ou quittances, refus, répits, ou dilations de non faire devoir, de
foy, hommages & feautés, bailler, aveu ou dénombrement,* de mettre par gens
d'Eglifes hors de leurs mains, rentes, poffeffions non amorties; de non

payer

payer finance de relief, rachat, quints deniers, de gardes de Mineurs, & autres dons, & alienations d'aucuns nos Domaines en deniers; soit à toujours, à vie, ou à temps, & aussi en matiere de réunir à notredit Domaine aucunes choses qui en auroient été distraites, ou qui par révocation de nos prédecesseurs, ou de nous seroient révoquées, & y devroient être réunies; de bailler ou faire bailler à notre profit aucunes parties de nos Domaines non convenables à tenir en notre main à rente à toujours, mais soit à vie ou à temps, selon ce que bon semble à nosdits Gens de comptes, de graces, ou licences, de non résider sur Offices à gages, en croissance de gages ou pensions, en chargeant notredit Domaine, ou diminuant les finances Fiscales & Royaux, en fait de dons & concessions faits par nos prédecesseurs, ou par nous, ou par les Gens de ladite Chambre de notre autorité, des Offices d'icelle Chambre, & aussi des Vicomtes & Receveurs de notredit Domaine, d'iceux Officiers muer, ou changer de lieu en autre, ou desappointer simplement, quand ils verroient être à faire selon l'exigence des cas; & avec ce, de refuser ou obtemperer à lettres d'amortissement, annoblissement, Bourgeoisies, manumissions, legitimations, & generalement de tout ce que l'on a accoutumé de dire en notre Royaume non valable, s'il n'est passé & appuré par ladite Chambre de nos Comptes; & aussi en toutes injures dites ou faites en ladite Chambre, en jugement ou de hors, à aucuns des Gens & Officiers en icelle, mêmement en faisant & exerçant leurs Offices, *sans ce que aucuns ait été ou doivent être reçus à appeller des appointemens, Commissions, Jugemens, Sentences, ou Arrests, faits & donnés ès cas des susdits, ou semblables par nosdits Gens des Comptes.* Et soit cette Ordonnance & Observance, fondée sur grande raison & bonne justice; car s'il étoit souffert que l'on appellât de nosdits Gens des Comptes, & de leurs appointemens, Arrêts ou Sentences, l'on ne pourroit avoir payement de ceux qui ont reçu & manié nos finances, ou leurs heritiers & ayant causes, ou détenteurs de leurs biens, qui moult souvent & communement par malice, ou autrement, pour dilayer ou empêcher notre payement, se voudroient efforcer d'appeller de nos Gens des Comptes, & par ce ne pourroit être payée notre dépense, les gages de nos Officiers, ne les Fiefs & aumônes dûs sur nos Recettes, & aussi nos Oeuvres, Edifices & autres affaires en pourroient être empêchés & retardés en la très-grande diminution de notredit Domaine, en plusieurs & maintes manieres, *& s'ensuivroient irréparables inconveniens à nous & à notredit Domaine, s'il étoit permis d'appeller de nosdits Gens des Comptes en matiere de* refus, ou delay d'obtemperer à aucunes Lettres de dons, ou alliennations de notredit Domaine, ou en aucuns des cas dessus déclarés, ou leurs semblables, en effet ou substance; & avec ce nos Gens des Comptes en delaisseroient souvent l'exercice de leursdits Offices, pour aller en notre Parlement ou ailleurs, pour la poursuite desdites appellations, & conviendroit que l'on portât & exhibât audit Parlement & ailleurs, les Livres, Registres, Comptes & Etats, de nos Domaines & Finances, qui ont accoutumé d'être gardés si secretement au temps passé, que quand nos prédecesseurs Roys de France les vouloient voir pour aucune necessité, nos prédecesseurs, ou les aucuns d'eux, les alloient voir en leurs personnes en ladite Chambre, pour obvier aux dommages & inconveniens qui se pourroient enfuivre de la révelation & portation foraine d'iceux écrits. Et de nouvel fi comme nous avons entendu aucuns Receveurs , & autres voulant par voyes obliques , refifter ou déroger à ladite Ordonnance ou Obfervance , fondée fur très-bonne caufe ou intention ; & pour icelle enfraindre , ou vouloir annuller fe foient efforcés de interjetter appellations en notre Cour de Parlement, de cloture defdits comptes & d'autres appointements faits par nofdits Gens des Comptes , laquelle chofe eft en notre grandpréjudice & dommage. Nous, ces chofes bien confiderées, qui font de très-mauvais exemple & pourroient tourner à très-grands inconveniens & mauvaifes confequences, au préjudice & dommage de Nous & de toute la chofe publique , & en très-grande diminution des droits & Domaine de notre Couronne & Royaume , fi remedié n'y étoit & pour plufieurs autres juftes caufes & confiderations qui nous meuvent, & grandement doivent mouvoir en cette partie , voulant pourvoir aux chofes des fufdites , & obvier à telles entreprifes & voyes exquifes.

I.

Avons déclaré & déclarons nos Gens des Comptes à l'exercice des faits , appointemens , Jugements , Sentences , & Arrefts de notre Chambre des Comptes & ès dépendances, être à nous Sujets, fans moyen ny reffort aucun en notredite Cour de Parlement , ne ailleurs. Et que notre volonté & intention eft , que nos Gens des Comptes ayent l'audition , examination , difcuffion , clofture & affinement de tous les comptes de recettes , & dépenfes faites & à faire de nos deniers & finances, tant ordinaires qu'extraordinaires , puiffent fur lefdits comptes & les parties fingulieres contenues & déclarées en iceux , & autres nos befognes & affaires de ladite Chambre , *mêmement en ce qui touche & regarde les cas cy-deffus exprimés , & contenus & leurs femblables , en effet & fubftance,* donner appointement , Sentences , Jugemens , Arrefts, exécutoires , tels & tels qu'ils verront être à faire felon raifon & les ufages , ftiles & ftatuts de ladite Chambre, *fans ce qu'il loiffe à aucun d'en appeller* ne venir à l'encontre , pour voye ou remede d'appellation , & fe aucuns en ont appellé , ou appelloient d'orenavant ; nous , dès maintenant irritons , annullons & mettons à néant lefdites appellations faites & à faire , & ne voulons qu'à icelles pourfuivre aucuns foient reçus ne oüis en notre Chancellerie , en notredit Parlement ne ailleurs ; & le deffendons très-expreffement à notre amé & féal Chancelier , nos amés & féaux Gens de notredit Parlement , & à tous autres Jufticiers & Officiers , préfens & avenir , ou leurs Lieutenans & à chacun d'iceux , fi comme à lui appartiendra , que aux appellations faites & à faire de nofdits Gens des Comptes ne à aucunes d'icelle , ils ne déferent , ne obéïffent , ne pour icelles , ne delayent , en retardant aucunement l'exécution & effet des appointements , Sentences , Jugemens & Arrefts de nofdits Gens des Comptes , en tout ou en partie , pour quelconque Lettres impétrées ou à impétrer de nous, de notre Chancellerie , de notredit Parlement ne d'ailleurs, fous quelques formes de paroles à ce contraire.

I I.

Ainçois voulons & ordonnons , fi comme par aucuns de nos prédeceffeurs j'apieça , a été ordonné & gardé, & qu'il eft de temps ancien , enregiftré en notredite Chambre des Comptes , & au Tréfor de nos Chartres que *au cas que aucun* se plaindroit devers nous d'aucuns Griefs, ou d'aucunes Sentences qui auroient esté données contre lui en ladite Chambre, que on ne donne Commission, ne ne fasse l'en autres Commissaires que de ladite Chambre ; mais voulons & nous plaist, qu'on preigne deux, ou trois, ou quatre personnes de notredit Parlement, sages & suffisans, ou plus si metier est selon que les cas les requereront, qui avec les Gens de notredite Chambre dedits Comptes, soient toutes fois que metier sera ; & se on y trouve aucune chose à corriger ou amander qu'il soit fait en leur presence, pour échiver le mal qui s'en pourroit ensuivre, qui autrement le feroit.

I I I.

Mandons aussi & deffendons très-expressement à notredit Chancellier qu'il ne passe ne scelle aucunes Commissions, ne ajournement aucuns, pour complainte, que aucuns fassent des Sentences ou Griefs, qu'ils voudroient maintenir contre eux avoir été faits ou donnés en notredite Chambre des Comptes par les Gens tenans ledit Siege en notredite Chambre, à ne donner sur ce aucunes Commissions que d'icelle Chambre contre la teneur desdites Ordonnances ; mais si aucuns s'étoient efforcés, ou efforçoient au tems à venir, de faire ou impétrer Lettres contraires, le remette notredit Chancellier ou fasse remettre sans aucun délay au premier état dû, en renvoyant tout en notredite Chambre & non ailleurs, pour en connoître & ordonner selon ce qu'il appartiendra de raison, lesdites Ordonnances gardées, & afin que ce soit chose ferme & stable à toujours, nous avons fait mettre notre scel à ces Présentes, sauf en autre chose notre droit, & l'autrui en toutes. D O N N E' à Bourges au mois de Decembre l'an de grace mil quatre cens soixante, ainsi signé par le Roy.

CHALIGAULT.

LETTRES
DU ROI LOUIS XI.

PORTANT que si aucun se plaint des Jugemens de la Chambre des Comptes, il soit procédé par recision d'iceux en la maniere contenuë dans l'Ordonnance du Roi Philippes le Long, de l'an 1319.

Aux Montils-lez-Tours le 23 Novembre 1461.

LOUIS, par la grace de Dieu, Roy de France : à nôtre amé & feal Chancellier, à nos amés & feaulx Conseillers les Gens de notre Parlement, les Maîtres des Requestes de nostre Hostel, les Generaux sur le fait de la Justice des Aydes ordonnés pour la Guerre, & à tous nos autres Justiciers ou à leurs Lieutenants ; S A L U T & dilection. Notre Procureur en la Chambre de nos Comptes nous a exposé, que feu de bonne memoire, Philippes le Long, jadis Roy de France, considerant que en la

Chambre defdits Comptes, font les Livres, Regiftres & Enfeignements des droits & domaines Royaulx, & que par ce les faiz d'icelle doivent eftre tenus fecrets & non communiqués, finon entre nos Officiers à qui & ainfi qu'il appartient. Pour ces caufes & pour obvier aux inconveniens qui par faute de ce s'eftoient enfuiz en l'an 1319. fit certaine Ordonnance fur le fait & eftat d'icelle Chambre, par laquelle entre autres chofes il voult & ordonna que ou cas que aucun fe plaindroit d'aucuns Griefs ou d'aucunes Sentences qui auroient efté données contre eulx en ladite Chambre, on ne donnát point de Commiffion, ne ne feift l'en autres Commiffaires, que de ceux d'icelle Chambre, mais que en preinft deux, ou trois, ou quatre perfonnes de ladite Cour de Parlement, fages & fouffifans, qui avec eulx feuffent quand meftier feroit; & fe on y trouvoit aucune chofe à corriger ou amender, qu'il feuft fait en leur prefence. Et depuis c'eft affavoir en l'an 1375. feu de bonne memoire Charles Quint, auffi Roi de France, cuy Dieu pardoint, par les Lettres fignées de fa main, manda à fon Chancelier garder & faire garder ladite Ordonnance, & que s'aucune chofe avoit efté faite au contraire, qu'il renvoyaft tout en noftredite Chambre & non ailleurs, pour en ordonner ainfi qu'il appartiendroit. Mais neanmoins puis aucun temps en ça aucuns eulx difans appellans des Sentences, & appointemens donnés contre eulx en icelle Chambre, fe font efforcés de relever les appeaulx en notre Cour de Parlement, & de fait ont obtenu, & leur ont efté baillées Lettres fur ce, en venant directement contre ladite Ordonnance, dont fe pourroit enfuir diminution en nos droits & domaines, & retardement du payement d'iceulx, fe provifion n'y eftoit par nous mife, fi comme dit ledit Expofant requerant icelle; pour quoi nous voulans garder l'autorité de noftredite Chambre des Comptes, laquelle nous fçavons & congnoiffons eftre entre noz principalles Chambres, la confervation & deffenfe finguliere de nofditz droitz & domaines, & le repofitoire des enfeignemens d'iceux; voulons & ordonnons par ces Prefentes, que s'il eft advenu ou advient que d'aucune Sentence ou appointement donnés en icelle Chambre de nos Comptes, on ait appellé ou appelle, foit fur ledit appel on appeaulx procedé en la maniere deffufditte, & que ladite Ordonnance le contient. Si vous mandons & à chacun de vous, fi comme à lui appartiendra, que noftre voulenté & prefente Ordonnance vous gardez & faites garder & obferver inviolablement, & la faites à cette fin publier en vos Cours & Jurifdictions, & en regiftrerez Livres & Regiftres d'iceulx; & s'aucune chofe a efté ou eftoit faite au contraire, reparez-la ou faites reparer, & remettre chacun en droit foy en fon premier eftat fans delay; car ainfi nous plaift-il eftre fait. DONNE' aux Montils-les-Tours le vingt-troifieme jour de Novembre, l'an de grace mil quatre cens foixante-ung, & de notre regne le premier. Ainfi figné par le Roy, les Sires de Montglas & Dechiffe, Maiftre Eftienne Chevalier & autres prefens, J. de laLoere, Badouiller & Boucher.

Lecta & publicata ad Burellum in Camera Computorum Domini noftri Regis, Parifius die decimâ feptimâ Martii anno milleſimo quadringentefimo fexagefimo primo.

DECLARATION.

DECLARATION
DU ROI LOUIS XI.

Du 5. Février 1461.

LOYS par la grace de Dieu Roy de France, à tous ceux qui ces présentes Lettres verront : SALUT, comme à l'occasion des appellations interjettées de nos amés & feaux les Gens de nos Comptes, plusieurs altercations & différends soient sourdis entre nosdits Gens des Comptes & nos amés & feaux Conseillers les Gens de notre Parlement.

Sur ce que lesdits Gens de nos Comptes disoient & prétendoient que feu de bonne mémoire Philippe, dit le Long, jadis Roy de France, en l'année 1319, fit certaine Ordonnance sur le fait & état d'icelle Chambre, par laquelle entr'autres choses il veut & ordonne, que au cas que aucun se plaindroit d'aucuns griefs ou d'aucunes Sentences, qui auroient été données contr'eux en ladite Chambre, on ne donnât point de commission, ne ne fit l'en autres Commissaires que ceux de ladite Chambre des Comptes ; mais que l'on prensist deux ou trois ou quatre personnes de ladite Cour de Parlement, sages & souffisans, qui avec eux fussent quand mestier seroit, & se on y trouvoit aucune chose à corriger ou amander, qu'il fut fait en leur présence. Et depuis, c'est à sçavoir en l'année 1375. feu de bonne mémoire Charles V. aussi Roy de France, par ses Lettres signées de sa main, manda à son Chancelier de garder & faire garder ladite Ordonnance ; mais neanmoins puis certains temps ença, aucuns eux disans appellans des Sentences & appointemens donnés contr'eux en icelle Chambre des Comptes, se sont efforcés relever leurs appellations en notredite Cour de Parlement, & de fait ont obtenu Lettres sur ce, en venant directement contre ladite Ordonnance, dont se pourroit ensuyr retardement de payement de nos deniers & finances.

Les Gens tenans notredite Cour de Parlement, disant au contraire, que notredite Cour de Parlement est capable, doit & a accoutumé de recevoir, connoître, discuter & déterminer desdites appellations interjettées en icelle Cour, & mêmement de celles de ladite Chambre des Comptes, sans que lesdits Gens de nos Comptes doivent entreprendre aucune autorité & souveraineté, ne empécher que ladite Cour connoisse desdites appellations ; disant outre que sur ce y a plusieurs Ordonnances de nos Prédecesseurs, Arrests & Jugemens de ladite Cour, & que autrement le faire, ce seroit attribuer souveraineté à ladite Chambre, en laquelle sont communément en petit nombre, & seroit diviser & démembrer l'autorité de la souveraineté d'icelle notre Cour, qui doit être conservée en unité, sous laquelle les grands & puissans nos sujets & autres, sont tenus en crainte, obeissance & réverence envers Nous ; que si aucune Ordonnance avoit esté faite par ledit feu Roy Philippe le Long, comme dit est, *elle se*

C

devroit entendre , & tel seroit l'usage en matiere concernant purement fait de Compte, & pour ce que depuis ladite Ordonnance les Gens de nosdits Comptes , sous couleur d'icelle *entreprenoient connoissance ordinaire des causes ,* en delaissant l'occupation à quoy ils doivent vaquer , c'est à sçavoir à oyr & clorre les comptes des mises & recettes de nos deniers & finances , ledit feu Roy Charles le Quint feist certaines Ordonnances , par laquelle il leur défendit toute connoissance de cause , sur peine de privation de leurs Offices. Laquelle Ordonnance fut confirmée l'an 1406. par feu de bonne mémoire Charles VI. notre Ayeul , requerant l'autorité de notredite Cour , être gardée & observée.

Et pour ce que à cause des altercations & differends des susdits se pourroit ensuir retardement du payement de nos deniers & finances , & aussi feroit retarder l'expédition des causes & querelles de nos sujets , & que desirons appointer & donner ordre en ladite matiere , oster toutes difficultés , & garder & conserver l'autorité de notredite Cour , & aussi obvier que par telles appellations le payement de nos deniers & finances ne soit empéché ni retardé.

I.

Nous , par l'avis & déliberation des Gens de notre Conseil , avons voulu & ordonné , voulons & ordonnons , & que s'il advenoit , que aucuns de nos Receveurs , ou autres ayant eû administration de nos deniers & finances,soit poursuivi,convenu & appellé en ladite Chambre de nos Comptes , pour rendre compte , & que sur les difficultés qui peuvent survenir en examinant ou cloant icelui compte , tant en allouement des acquits & décharges , arrests sur aucuns articles des comptes ès chapitres de mises ou de recettes , aucun appointement par nosdits Gens des Comptes soit donné , ou que aucune commission soit par eux baillée pour recouvrer sur aucun de nosdits Receveurs aucune somme de nos deniers , à cause de ce que icelui notre Receveur n'auroit d'icelle somme par lui reçeue fait récette & couché en son compte , ou que commission soit baillée par nosdits Gens de nos Comptes , pour adjourner aucuns de nosdits Receveurs ou ses hoirs pour clorre aucun compte ; & que sur la procédure soit aucun appointement donné , & que des susdits appointemens , arrests ou commissions , iceux Receveurs ou leurs hoirs , eux sentans grevés , appellent , ou se deuillent & complaignent , soit sur ledit appel , doleance & complainte , procedé selon la forme & teneur de ladite Ordonnance dudit feu Philippe le Long.

I I.

Mais si il advient *que en autres matieres , que de reddition & clôture de compte , & concernant purement & directement fait de compte ,* aucun de nos subjets appellé de Gens de nosdits Comptes , & d'aucuns de leurs appointemens , commission , main mise en aucun Fief & Héritage , sous couleur de hommages ou devoirs non faits, de regale & autrement , & aussi de aucun appointement donné par les Gens de nosdits Comptes sur les difficultés , qui pardevant eux se peuvent mouvoir à cause de vérification & enterrinement d'aucunes nos Lettres de Don , ou de fieffé & accensement de fiefs & heritages,ou de reception & institution des Officiers, ou de gages d'iceux ou autrement , en quelque cas que ce soit , non con-

cernant purement & directement reddition & clôture de compte des recettes de nofdits deniers & finances, comme dit eft, foit la caufe dudit
appel introduite decidée & determinée en notredite Cour de Parlement.

III.

Et pour obvier, que fous ombre d'aucuns adjournemens en cas d'appel en forme commune aucune fraude foit faite contre notredite Ordonnance, voulons & ordonnons que dorenavant, quand aucun appellant de
nofdits Gens des Comptes, requerra aucun adjournement en cas d'appel,
fera tenu exprimer & déclarer bien au long les griefs, dont il fe dira appellant ; & que fans iceux déclarer, ne foit baillé aucun adjournement en
cas d'appel, & fi par inadvertance ou autrement leur étoit baillé, qu'il
ne foit de nulle valeur & effet.

Si donnons en mandement par cefdites Préfentes à nofdits Confeillers, les Gens tenans & qui tiendront au temps à venir notredit Parlement & de nofdits Comptes, & chacun d'eux fi comme à lui appartiendra, en enjoignant bien expreffement que notre préfente Ordonnance &
volonté ils tiennent & gardent, & faffent tenir & garder en tous fes points,
fans enfraindre felon fa forme & teneur : Car ainfi nous plaît-il être fait,
nonobftant quelques Ordonnances, Refcriptions ou Mandemens au contraires. Donne' à S. Jean d'Angely, le cinquiéme jour de Fevrier, l'an de
grace mil quatre cent foixante-un, & de notre regne le premier. *Sic fignatum fupra plicam* par le Roy en fon Confeil. De Balotte ; *& in dorfo fcrip-
tum erat : lecta, publicata & regiftrata Parifius in Parlamento fecunda die Martii anno millefimo quadragentefimo fexagefimo primo, fic fignatum* Cheneteau ;
collatio facta eft cum originali ; ainfi figné, *extractum à Regiftris ordinationum
Regiarum in Curia Parlamenti regiftratarum.* DU TILLET.

DECLARATION

DU ROI LOUIS XI.

Du 26. Fevrier 1464.

LOUIS par la grace de Dieu Roy de France, à tous ceux qui ces
préfentes Lettres verront ; Salut. Comme tantoft après notre avenement
à la Couronne, c'eft à fçavoir au mois de Novembre l'an 1461, Nous
confidérant que la conduite & police de la chofe publique de notre Royaume, dont nous fommes le chef, confifte principalement en juftice & en
fait de finances, pour lefquels deux faits conduire & adminiftrer fous la
Monarchie & Seigneurie de notredite Couronne, de laquelle ils dépendent & dérivent, furent anciennement établis deux Cours Souveraines di-
ftinctes & féparées l'une de l'autre; c'eft à fçavoir notre Cour de Parlement pour ladite juftice, & notre Chambre des Comptes pour lefdites
finances, & avertis que feu de bonne mémoire Philippe, dit le Long,

jadis Roy de France , fçachant qu'en ladite Chambre des Comptes font les Livres & Enfeignemens des droits & Domaines Royaux , & qu'ils y font traités & conus à la confervation , deffenfe & accroiffement d'iceux , & que pour ce , les faits de ladite Chambre doivent être tenus fecrets , & non communiqués , finon entre nos Officiers en icelle , à qui & ainfi qu'il appartient. Pour ces caufes , & pour obvier aux inconvéniens qui par faute de ce s'étoient enfuivis , en l'an 1 3 1 9 fit certaine Ordonnance , fur le fait & état d'icelle Chambre , par laquelle entr'autres chofes , il voulut & or-donna , que en cas que aucun fe plaindroit d'aucuns griefs ou d'aucunes Sentences qui auroient été données contr'eux en ladite Chambre , on ne donnât point de commiffion , ne ne fit l'en autres Commiffaires que de ceux d'icelle Chambre , difant que on print deux ou trois ou quatre per-fonnes de ladite Cour de Parlement , fages & fuffifans , qui avec eux fuf-fent quand metier feroit , & fi on y trouvoit aucune chofe à corriger ou amander , qu'il fut fait en leur préfence ; & depuis , c'eft à fçavoir en l'an 1 3 7 5. feu de bonne mémoire Charles le Quint , notre Bifayeul , jadis Roy de France , cui Dieu pardoint , informé de ladite Ordonnance & des cau-fes d'icelle , manda par fes Lettres , fignées de fa main , à fon Chancelier la garder ; & que fi aucune chofe avoit été faite au contraire , qu'il ren-voyât tout en ladite Chambre & non ailleurs , pour en ordonner ainfi qu'il appartient , & que par Nous en cette matiere , en bonne & meure dé-libération , Nous étans aux Montils-les-Tours le 2 3 jour de Novembre 1 4 6 1 , euffions par nos Lettres Patentes , voulu & mandé être fait & pro-cedé auxdites appellations , felon la teneur de ladite Ordonnance ; lefquel-les nos Lettres furent aucuns temps après exhibées & préfentées à nos amés & feaux Confeillers les Gens de notredite Cour de Parlement , auxquels elles s'adreffoient , pour les faire lire , publier & enregiftrer en icelle Cour , ainfi qu'il eft accoutumé faire en tel cas. *Mais ils les detindrent par long-temps , fans les vouloir expedier ne rendre ;* & pendant ladite détention , en-voyerent aucuns d'entr'eux devers Nous à Saint Jean d'Angely au mois de Fevrier prochain enfuivant , auquel lieu ils obtinrent autres Lettres Paten-tes en date du 5e jour dudit mois , par lefquelles Nous déclarâmes & or-donnâmes , que *s'il avenoit que en autre matiere , que de clofture & reddition de compte , & concernant purement & directement fait de compte , aucun de nos fubjets appelloit defdits Gens de nos Comptes & de leurs appoin-temens , commiffion & main-mife en aucun Fief & Heritage , fous couleur de foi & hommage non faits , droits & devoirs non payés de regale ou autrement , ou d'aucun appointement par eux donné fur les difficultés qui pardevant eux fe peu-vent mouvoir à caufe de verification & enterinement d'aucunes* nos Lettres de don , de fieffé , ou de accenfement de fief & heritage , de réception & in-ftitution d'Officiers & de gages d'iceux ou autrement , en quelque cas que ce foit , non concernant purement & directement reddition & clofture de compte de recette de nos deniers & finances , *la caufe dudit appel fut in-troduite , décidée & determinée en notredite Cour de Parlement :* au moyen def-quelles nos Lettres qui furent publiquement lûës & publiées en icelle Cour avant que les deffufdites premieres fuffent renduës auxdits Gens de nos Comptes , plufieurs appellations ont été , & font chacun jour interjettées d'eux , tant en matiere concernant fait de compte , qu'autres tous nos

droits ,

droits, Domaines & finances, dont nosdits Conseillers de Parlement s'efforcent de connoître, & à cette fin ont baillé aux Parties appellantes Lettres de reliefvement en cas d'appel pour adjourner en notredite Cour nosdits Gens des Comptes, comme s'ils étoient Juges sujets; & encore s'en pourroient vrai-semblablement ensuir autres appellations au tems advenir, au grand préjudice & dommage de Nous, assoupissement des droits & devoirs qui nous sont dus, tant à cause de nos Fiefs, arriere-Fiefs, Regales, Censives, qu'autrement, retardement du payement de nos deniers, se provision n'étoit par Nous mise; sçavoir faisons, que nous voulans y pourvoir & conserver notredite Chambre des Comptes en son autorité, laquelle nous sçavons & connoissons être entre nos Cours & Chambres, seule singuliere à Nous, l'arche & le repositoire des titres & enseignemens de nosdits droits, devoirs, Domaines & finances, & des comptes & raisons de la distinction d'iceux, & *en laquelle a de toute ancienneté esté jugé & décidé par Arrest ès matieres que se y sont offertes*, ainsi qu'il appert par les Registres d'icelle pour les causes dessusdites, & autres grandes & raisonnables à ce Nous mouvant, & eu sur ce bon avis & conseil.

ORDONNONS & déclarons notre plaisir être, que sur la *decision & determination de toutes appellations deja interjettées, & qui desormais le seront de nosdits Gens des Comptes, soit procedé selon la forme & teneur de l'Ordonnance dudit Philippe le Long, ci-dessus recitée*, & que tout ce qui a esté fait, & sera au tems à venir au contraire, soit renvoyé pardevant eux, pour en ordonner ainsi qu'il appartiendra par raison, *nonobstant lesdites dernieres Lettres de Nous obtenuës audit lieu de Saint Jean d'Angely audit mois de Fevrier l'an* 1461, *lesquelles en leur effet & contenu, Nous abrogeons, irritons, cassons & annullons, ensemble toutes lesdites Lettres de reliefvement en cas d'appel obtenues & à obtenir contre la teneur de ces Présentes & les exécutions d'icelle.*

SI DONNONS EN MANDEMENT auxdits Gens de nos Comptes, que de notre présente Ordonnance & Déclaration, ils usent & les exécutent de point en point, & les fassent publier & enregistrer partout où ils verront être à faire; & deffendons à nosdits Conseillers de notredite Cour de Parlement, & à tous nos autres Justiciers, Officiers & Subjets, que en ce ils ne les troublent ne ne fassent faire troubler, ne empêcher aucunement; CAR ainsi nous plaît être fait, en témoin de ce nous avons fait mettre notre sceL à cesdites Présentes. DONNE' à Poitiers le vingt-sixiéme jour de Fevrier, l'an de grace mil six cent soixante-quatre, & de notre regne le quatre. Ainsi signé par le Roy, les sieurs Dulau & de Lallande, Jean Balue, & autres présens, Demolint. *Lecta, publicata & registrata in Camera Compotorum Domini nostri regis, Parisius die trigesima Martii anno Domini millesimo quadragesimo sexagesimo quarto.*

DECLARATION
DU ROI LOUIS XII.

Du 20 Mars 1500.

LOUIS, par la grace de Dieu, Roi de France : à tous ceux qui ces presentes Lettres verront. SALUT, comme par cy-devant nos prédecesseurs Roys de France, de bonne memoire, que Dieu absoille, pour la conservation du Domaine & Finances, tant ordinaires qu'extraordinaires de la Couronne de France, ayant ordonné & érigé en notre Ville de Paris une Cour & Jurisdiction en dernier ressort, qui est notre Chambre des Comptes, & à icelle ayant baillez & octroyez plusieurs autoritez, prérogatives, & prééminences ; en laquelle Chambre ils ayent voulû que toutes matieres concernant les faiz dudit Domaine, aussi de compres de finances, & dépendances d'iceux, y fussent & soient décidées & determinées, pour y prendre fin en derniere instance, *sans que d'icelles en fût n'en soit tenu ailleurs Jurisdiction ne connoissance, en quelque maniere que ce soit, par appellation ou autrement, sinon par revision de procès en la Chambre de notre Conseil,* près de ladite Chambre des Comptes, & considerant que souventes fois advient, & peult advenir, que ceux qui ont à besoigner en notredite Chambre, prétendans estre grevés de plusieurs appointemens, Arrêts de comptes, refus de verifications & autres Arrêts, & Jugemens qui y sont souventes fois contre eulx faiz, donnez & prononcez, pour éviter les exécutions d'iceulx, s'efforcent d'appeller & reclamer en nos Cours de Parlement, & pour ce faire impetrer relievement en cas d'appel en nos Chancelleries, tendans d'empêcher l'effet & exécution desdits Arrêts, & par ce nos deniers & autres affaires delayer, en notre grand préjudice & dommaige, lesquelles choses redondent à la très-grande foulle & charge de notre Peuple : à quoi soit besoin pourvoir pour éviter tous les inconveniens qui peuvent s'en suivre ; sçavoir faisons, que nous desirans l'entretenement de nosdites Finances & Domaine, à ce que ayons mieux de quoi suporter les charges de notre Couronne au bien & soulaigement de nostredit Peuple, & pour obvier auxdits inconveniens, avons de notre propre mouvement, certaine science, pleine puissance & autorité Royale, par l'avis & déliberation de plusieurs Princes & Seigneurs de notre sang, & Gens de notre Conseil, voulû, déclairé & ordonné, voulons, déclairons & ordonnons par Edit, Ordonnance & Statut irrévocables, que notreditte Chambre des Comptes soit & demeure entretenuë, régie & gouvernée selon & en suivant nos anciennes Ordonnances, en toutes ses prérogatives & prééminences quelconques ; *& que tous les appointemens, verifications, Commissions, Arrêts, Jugemens interlocutoires & deffinitifs, & autres choses émanant de nostredite Chambre des Comptes, pour quelque cause que ce soit, données & à donner par les Gens de nosdits comptes, touchant le fait de nosdits*

*Domaines & Finances ordinaires & extraordinaires, & leurs circonstances &
dépendances quelconques, soient fermes & stables, sans ce qu'il soit loisible à aucuns
d'en appeller ne venir à l'encontre, sinon par la revision en la Chambre du Conseil dessusdit :* en maniere que si aucunes choses avoient esté, ou estoient
faites au contraire, dés maintenant, pour lors nous les avons cassées, annullées & irritées, cassons & annullons, & irritons, & mectons du tout
au néant par ces Presentes, ensemble toutes les appellations qui en auroient esté, ou seroient interjettées de notreditte Chambre des Comptes ;
& ne voulons que à icelles appellations relever, ne poursuir, ceux qui auront ainsi appellé soient reçûs en aucunes desdites Chancelleries de notre
Royaume, Cours de Parlement, ne ailleurs ; mais deffendons à nos Chancelier, Maistres des Requestes, & Garde des Sceaulx de nos Chancelleries, Cours de Parlement, & à tous nos autres Justiciers, Officiers & Subjets, que en ce ils ne troublent ne empeschent, ne fassent troubler, ne
empescher aucunement l'expedition desdites verifications, Commissions,
Arrests & Jugemens, & qu'ils ne baillent ne octroyent aucuns ajournemens en cas d'appel, ne autres Lettres derrogeans auxdits Arrests, verifications, Jugemens & choses dessusdittes, sous ombre desdites frivoles appellations, mais en suivant les Ordonances anciennes sur ce faites par nos
predecesseurs. Et afin que nos Subjets & autres quelconques cognoissent
& entendent, que nous voulons que à un chacun soit faite & administrée
bonne & brieve justice, nous avons ordonné & ordonnons, que *au cas
que aucuns de nosdits Subjets se soient par cy-devant plaints, ou ci-après viennent à
eux plaindre, comme eux reputans estre grevés d'aucuns appointemens, verifications, & Commissions, Arrests, Jugemens, ou refus de verifications, & autres
choses quelconques données & prononcées contre eux par nosdits Gens des Comptes,
que en ce cas soient selon lesdites Ordonnances appellés trois ou quatre personnaiges
des Présidens ou Conseillers de nostreditte Cour de Parlement, ou autre tel nombre
qu'on verra estre à faire selon l'exigence des cas, non suspectes ne favorables, pour assister & revoir en la Chambre de nostre Conseil près nostreditte Chambre des Comptes, avec nosdits Gens des Comptes, les matieres & procès sur
lesquels auroient esté donnés les Arrests & Jugemens par nosdits Gens des Comptes,
& juger & déterminer sur la révision d'iceux,* pour lesdits Arrsts confir-
mer, corriger, & amender se mestier est, ainsi qu'ils verront estre à faire
par raison, & en suivant lesdites Ordonnances & formes accoutumées
d'ancienneté ; & que pour l'introduction de ladite revision, nosdits Subjets
qui se sentiront avoir esté, ou estre ainsi grevés, presentent ou fassent presenter au Bureau de nostredite Chambre des Comptes, leurs Requestes &
supplications, pour requerir ladite revision, & jugement estre faits en ladite Chambre du Conseil *par nosdits Gens des Comptes, & par lesdits personnaiges de nostredite Cour de Parlement ensemblement,* auxquels Gens de nostredite
Cour, comme dit est, pour y vacquer & entendre avec lesdits Gens de
nos comptes, toutes fois par eulx leur sera fair sçavoir ; & que en ce faisant nosdits Gens des Comptes, & eulx oyent sur lesdits Griefs bien au
long ceux qui ainsi se sentiront grevés, & que sur iceulx Griefs prétendus,
ils en déterminent comme ils verront & connoistront estre à corriger, &
amender : en condamnant aussi en oultre ceux qui se seroient plaints à
tort, en multes peines & amendes selon l'exigence des cas : & lesquels

Arrests & Jugemens sur ce prononcés en ladite Chambre du Conseil , les parties presentes ou appellées , ou leurs Procureurs pour elles , & signés & enregistrés en nostredite Chambre des Comptes par l'un des Greffiers en icelle chambre , Nous voulons & entendons avoir & sortir leur plein & entier effet , comme d'Arrests prononcés sur proposition d'erreur , sans ce que d'iceulx en soit jamais appellé ne reclamé. Si DONNONS EN MANDE-MENT à nosdits Gens des Comptes , que nostre presente Ordonnance , Declaration & Statut irrevocable , ils gardent & observent , fassent garder & observer de point en point selon leur forme & teneur , & icelle fassent lire , publier & enregistrer en nostredite Chambre des Comptes & ailleurs , & où ils verront estre à faire ; car ainsi nous plaist-il , & voulons estre fait , en temoing de ce nous avons fait mettre nostre scel à cesdites presen-tes. DONNE'ES à Moulins le vingtiéme jour de Mars l'an de grace mil cinq cens , & de nostre regne le treiziéme , ainsi signé. LOYS , & sur le repli , par le Roy. CUYOT.

DECLARATION

DE LA REINE ANNE,

DUCHESSE DE BRETAGNE.

Du premier jour de Fevrier 1504.

ANNE, par la grace de Dieu Royne de France , Duchesse de Bre-tagne : A tous ceux qui ces Présentes Lettres verront : SALUT. Le bon plaisir & vouloir de Monseigneur ait été nous donner & accorder pou-voir & faculté de disposer & ordonner de tous les négoces & affaires qui sont & dépendent de notre Duchié & Principauté de Bretagne , & en tout y pourvoir , ainsi que verront être , de faire pour le bien d'iceulx nos Duchié & Principauté, proufit , utillité & soulaigement de nos subjets : & soit ainsi qu'en advisant sur l'état & dispense de nos deniers & finances de nosdits Pays & Duchié pour notre subvention au bien de la chose pu-blique , & pour donner fin & expédient aux affaires , Requestes & deman-des poursuivies envers Nous par plusieurs tant nos Gens & Officiers pour nos droits , que par autres parties en leurs desirs & intentions , Nous ayons apperçeu & cognéu par expérience que plusieurs Actes , appointemens , conclusions & arrests des comptes , administrations , assignations de nos-dits deniers & finances de nosdits Pays & Duchié & leurs dépen-dances , n'ont été par cy-devant suffisament décidés & déterminés ; & faute d'avoir bien levé & tenu la voye en ce requise & nécessaire , & tel-lement sont demourés confus , qu'on ne pourroit bonnement pourvoir esdites affaires & à l'interêt de chaicun , sans plus à plein en entendre & sçavoir les causes & les raisons ; pourquoi lesdites choses mises en dé-libération , ayons sur ce fait enquerir dilligement par aucuns de nos principaux

cipaux Conseillers & Officiers en ce experts & cognoissans , que pour
cette cause avons envoyés en notre Chambre des Comptes de notredit
Pays & Duchié & ailleurs où besoin étoit ; & finalement ayons été advertis & amplement informés, que au temps passé, à l'occasion des dis-
cors , guerres & divisions & aultres troubles avenus en notredit Pays &
Duchié de Bretaigne a esté empêché de y tenir tel & si bon ordre & stille ,
comme on eût bien peu faire, pour ce que souventes fois est advenu , que
à cause desdits troubles, les Princes & Seigneurs de nostredit Pays & leurs
bons & loyaulx Officiers , tant desdires finances & comptes, que aultres
ne pouvoient toujours assez entendre à redresser & corriger ceulx des comptables, qui par dol , fraude , larcin , recellement & autres malignes voyes
tendant à eux enrichir de la substance publique de nostredit Pays , met-
toient leurs charges, comptes & entremises en tel désordre & confusion ,
que la verité n'en pouvoit être sçûë tant obstant ladite confusion, que aussi
pour ce que aucuns d'eulx abusoient de astuce & autorité exquise, à garder
que leur mauvaise fin ne fût averée & reparée, dont s'est ensuy que à peu
près chaicun desdits comptables a voullu ainsi faire, sans que nosdits Gens
des Comptes y ayent pû mettre la raison ; mais qui encore plus & bien
souvent estoient iceulx Gens de nosdits Comptes, contraints de faire passer
les expeditions à l'apetit d'autrui , contre justice & en diminution de nosdits droits , aydes & subventions , dont est regie & deffendue ladite chose
publique , qui sur-tout est à preferer & est special , par le moyen desquelles choses , parce que lesdits comptables n'ont peu estre tous contraints
à tenir bon & loyal compte ; est aussi advenu en maint endroits , que tel
nous demande grand reste de compte, pour n'avoir fait vraye charge &
mise , & tenu bon ordre de compte qu'il retient de nos deniers ,
desquels il a eu entremise , telle somme qu'il nous devroit par raison
rendre , beaucoup plus qu'il ne nous demande ; car , combien que
de toute bonne équité & par l'usage , stile & rigueur , introduits &
necessaires de observer en examen , décision & apparument de raison & de compte , tout Officier comptable, soit & doye estre tenu ,
& d'abondant , soit abstraint par foi & serment , tant à son institution , que entrée & présentation de ses comptes, de faire & apporter en chacun compte , vraye & entiere charge & recette sans rien en
receller ne reserver ; & par après fournir bons , loyaulx & suffisans ga-
rans & acquits pour verifier la mise & depense ; combien aussi que tous
lesdits Comptables doyent aller rendre leursdits comptes , au moins
quand pour ce faire ils sont adjournés & appellés en ladite Chambre ,
& qu'ils doivent promptement payer le reliquat , & autrement obéir aux
expeditions , ordonnances & appointemens de ladite Chambre , & que
nosdits Gens des Comptes ayent & doyent avoir pouvoir & auctorité de
recepvoir , demander & recueillir toutes choses qu'ils treuvent nous
devoir revenir & estre deubes , tant à cause de nos receptes & fermes,
que de nos échoites , rachapts, ventes & autres droits & debvoirs Seigneuriaulx , & aussi de pourveoir à la conservation de nosdits droits, &
des Fiefs vassaulx , subjets & autres appartenances & dépendances quels-
conques de nos Seigneuries , Domaines & revenu , les deffendre , sou-
tenir & garder , & faire en toutes choses ainsi que reigle & ordre de

Compte requiert, en procedant sur tout par les expeditions & contraintes requises & nécessaires sans aucun espargner ; neantmoins grand partie
desdits Officiers comptables, ont été , & sont refusants, contredisants ,
& désobeyssants, de dresser leursdits comptes & iceulx tendre , & eulx
y gouverner en ladite forme convenable ; mais en usant de ladite confusion precedente, ne craignent d'eulx laisser deffaillir aux termes à eulx
assignés par nosdits Gens des Comptes, & quand ils comparoissent ils presentent leursdits comptes qui ne sont dressés en telle façon qu'il appartient,
en charge ni en dépense, & si ne sont garnis de leurs garants & acquits, selon & au desir des Parties , & articles desdits Comptes & aveque ce , pour
mauvaise fin, ne veulent rapporter vraye recepte & charge, ains en re-
cellent & délaissent tellement, que en oyant les comptes de ceulx , sur
qui ils ont eu assignation , on les trouve avoir eu en recepte & charge
lesdites parties recellées , dont par emprès les convient recharger, qui est
grande confusion, vexation, & travail sans cause à nosdits Gens des
Comptes, auxquels convient pour ce faire diligence & recharge à grand
frais , perdition de temps & pretermission du devoir de leurs Offices : &
si nous en est advenu , & pourroit souvent advenir , très-grande perte &
dommaige , parce que tous lesdits comptes, de tous nosdits Officiers ,
ne peuvent être redigés en telle diligence, qu'on puisse trouver les parties
desdites charges & receptes , alors de ladite reddition de compte ; même
quand besoin est d'averer lesdits comptes ; mais advienne ou peut advenir
cependant, par mutation d'Officiers, perdition de papiers & registres ,
& plusieurs autres inconveniens, que jamais n'en sera rien trouvé par
écript ; pourquoi de raison doivent estre tenus lesdits Officiers à apparoir
vraye & entiere charge & recepte, & sur grande peines ; & en outre advient souvent que lesdits Officiers comptables fuyent ainsi à venir à compte & raison , parce qu'ils ont commis en leursdites charges , plusieurs autres tromperies & abus , tendant à toujours avoir & retenir le reliqua
qu'ils nous doivent , & à éviter l'amende & pugnition desdits abus , &
en après en rendant leursdits tels quels comptes ; veuillent avoir depport
& souffrance en tous iceulx comptes , des parties dont ils disent ne pouvoir apporter l'acquit, garant & quittance , tendant à avoir icieulx depports en chaicun compte pour une même partie ou continuation d'icelle ;
jaçoit & qu'ils ne puissent ou doivent avoir ledit depport , au compte subsequent , sinon qu'ils ayent préalablement satisfait à l'ordonnance & commandement qui leur aura esté fait sur ledit depport fait au compte precedent : esquelles choses & en plusieurs aultres manieres s'efforcent lesdits Officiers comptables , à toujours perseverer en ladite confusion ; &
si nosdits Gens des Comptes y veulent obvier & mettre ordre , lesdits
Officiers qui ne cherchent que voyes obliques , & dilation pour toujours retenir le nostre & fuir à raison , se portent à toute heure appellants ,
& relevent en notre Parlement de notredit Pays & Duchié de Bretaigne
(pour ce qu'il ne sied pas ordinairement) ou lesdites matieres de comptes,
qui requierent celerité , demourent par longtems sans decider , & nosdits
deniers & affaires retardés , sinon que nosdits Gens des Comptes en ayent
soin & sollicitude , ou ils consomment grande partie de leur temps &
grands frais ; vexations & travaulx comme dit est ; & amprès pour non

obeir & faire devoir envers noftredite Chambre des Comptes, font re-
celés plufieurs rachaps & devoirs de Fiefs & aultres droits Seigneuriaulx,
par deffault, que les tenuës & aveulx par écript des feaulx hommes, &
fubjets d'iceulx, ne font apportés & envoyés en noftredite Chambre des
Comptes par nos Procureurs, ainfi que faire le doivent ; pourquoi on n'y
en peult faire apparoir, dont s'enfuit que les heritiers n'en rapportent,
ne advouent par leurs mynus & nouveaulx adveux, finon à leurs plaifirs,
par le moyen defquelles voyes deffufdites, & autres femblables, a efté tol-
lerée, & s'eft continuée ladite confufion ; & faulte d'ordre en ladite adminiftration de nofdites finances & comptes, revenus & droits de Bretaigne à la confufion & perte de nofdirs droits, & toujours pourroint
aller de mal en pis, fi bonne provifion n'eft par Nous fur ce donnée,
ainfi que fommes bien informés : Sçavoir faifons, que nous lefdites chofes deffufdites confiderées, & que mefmement, que la fin pour laquelle
noftredite Chambre des Comptes eft inftituée, eft pour y rendre la raifon de tous nos deniers, finances, revenu ordinaire & extraordinaire, tant
pour obvier au recellement & diftraction d'iceulx, que maintenir en ordre
& adminiftration leur gouvernement, & que parer eft très requis, que le
fait de nofdites finances foit traité & conduit en bon ordre, & ftille contenant verité & écchevant defordre & confufion, ainfi que le defirons ;
& en fuivant l'inftrution, & bonne volonté aultrefois fur ce declairée,
tant par feu notre très-cher Seigneur & époux le Roy Charles, que Dieu
abfoille, auffi que par mondit Seigneur & Nous ; & que nofdits Gens
des Comptes ayent authorité & fuperintendance de cougnoueftre, con-
clure & bien ordonner de toutes matieres de comptes, touchant nofdits
deniers, avec pouvoir de faire executer & entretenir leurs Ordonnances.
POUR CES CAUSES & autres confiderations, à ce nous mouvants, avec fur
ce grande & meure déliberation du Confeil, avons déclairé, ftatué &
ordonné, déclairons, ftatuons & ordonnons, de notre certaine fcience,
plainiere puiffance & autorité, par Edit, ftatut & decret irrevocable, que no-
dite Chambre des Comptes de Bretaigne fera dorefnavant conduite, gouvernée & adminiftrée, & nos Officiers & fubjets tant comptables, que
autres ayans charges, maniement & entremife de nofdites finances, tant
ordinaires qu'extraordinaires, y repondront en la maniere que s'enfuilt.

Et *premierement*, tous les comptes quels qu'ils foient, qui depuis le tems
de noftre venuë au Royaume, ont efté rendus en noftredite Chambre des
Comptes de Bretaigne, ou toutefois y a eu faute de rapporter vraye charge & recette, ou autres obmiffions & erreur évident, procedant parce que
les Comptables n'en avoint fait leur debvoir, pourront eftre reveus &
de nouvel examinés, apurés & déterminés, comme il appartient, felon
l'ordre & ftille dont cy-après fera fait mention.

Item. Et affin que nofdits Gens des Comptes n'ayent excufation fur
les fuites & delays des comptables, & que aulcun n'en puiffe pretendre
caufe d'ignorance, de leur pouvoir & authorité, ne prefume défobéir &
contredire à leurs appointemens : Voulons & ordonnons, que toutes &
quantes fois que bon leur femblera ils puiffent faire, & de fait faffent
convenir & adjourner à tel terme qu'il appartiendra, tous & chaicuns lefdits Officiers comptables defdits deniers de Bretaigne, pour venir comp-

ter & aussi apporter & presenter leursdits comptes, garants, & acquits suffisants, pour y mettre fin & conclusion; en ce cas tout incontinent lesdits termes écheus, & les défaults fixés obtenus, les pourront contraindre à rendre leurdits comptes, de tout ce dont ils seront trouvés comptables, & avec ce payer & fournir le reliqua qu'ils seront trouvés devoir, soit pour fin de compte s'ils le rendent, ou sinon par leurs quittances baillées pour leurs charges & receptes ou autrement deubment par prinse, saisie & exploitation de leurs biens, arrêts & detention de leurs personnes, jusques à ce qu'ils ayent obéy & par toutes aultres voyes raisonnables & accoutumées de faire pour nos propres debtes & affaires, nonobstant oppositions ou appellations quelconques.

Item. Ordonnons, que tous & chaicuns lesdits comptables en notredite Chambre, fassent & apportent en chaicun leursdits comptes, bonne, vraye & entiere charge & recepte, de tout ce qu'ils auront eu charge de recepvoir à cause de leurs Offices & entremise, & de tout le temps entierement, pour lequel sera fait ledit compte qu'ils presenteront, sans ce qu'ils en puissent rien receller, reserver, diminuer, ne changer, soit par le moyen des protestations d'augmenter, corriger ou diminuer, dont on a veu user cy-devant en telles matieres ne autrement en aucune maniere; auxquelles protestations & aultres actes dont a procedé la confusion, erreur, & mauvaise consequence dessus mentionnés, ne voullons lesdits comptables estre aucunement reçeus, ne admis, mais leur être expressément prohibé & deffendu; & dès maintenant leur deffendons de ce faire, sur peïne de l'amende, attendu mêmement, que chacun Officier comptable doit être certain de sa charge & despence; & surtout tenir certain & loyal Registre & fournir vrays & suffisans acquits & garands, ainsi qu'il a promis, & juré à son institution; & si après ces presentes, aulcun est trouvé n'avoir fait & apporté sadite charge & recepte, vraye & certaine, ou avoir en ce commis aulcun autre dol, fraude, recellement, circonvention, deception, ou cautelle mauvaise, à ce équipollée pour larcin & voye oblique, deffraulder nous, ou aultruy, nous ordonnons qu'il en soit corrigé & pugny; c'est à sçavoir, pour la premiere faulte & recellement, condamné à nous payer le duple de la somme, ou chose par lui recellée & delaissée, & de s'en charger en recette; & pour la seconde faute, nous en payera le quadruple; lequel duple & quadruple respectivement, sera chargé, & couchié en recepte en sesdits comptes avec les autres deniers d'icelle recepte, & à nosdits Gens des Comptes, enjoignons expressément, sur peine d'en avoir recours sur eulx & leurs biens, de entretenir & observer entierement cette chose, & y garder la forme & rigueur de compte, sans souffrir à aucun aultrement, ne en tout, ne en partie, affin de forclore toutes tromperies & abus.

Item. Et affin aussi que nosdits comptables ne presument plus de deffaillir auxdits adjournemens de nosdits Gens des Comptes; & que aulcun n'en puisse pretendre cause d'ignorance, qu'ils ne soint incontinent contraints à y obéïr : Statuons & ordonnons, que si lesdits comptables sont deffaillans, ils seront après le premier deffault, derechef adjournés par deux fois, en ce cas incontinent après ledit second deffault, en la presence des General & Tresorier General des Finances de notredit Pays de Bretaigne,

gne, seront desclairés suspendus de leurs Offices & à l'exercice d'iceulx
Offices, sera pourveu, & nommé par nosdits Gens des Comptes, d'aultres
Gens loyaux, seurs & solvables, qui les desserviront, & exerceront aux
charges & droits qui y appartiennent, pendant le temps que lesdits comptables, ainsi deffaillants & contumas seront en refus ou deffault de compter, ou que par nous aultrement y ait esté pourveu.

Item. Et affin que lesdits comptables ne presument delayer ou reculler à
compter, soit pour retenir nos deniers, éviter correction d'abus, ou aultrement; & aussi pour obvier que le fait desdites Finances de comptes ne
eschent en negligence ou nonchallance, nous leur avons pour ce, pre-
fix & terminé, presignons & terminons le temps qui s'ensuit, de dans lequel ils seront tenus & de fait contraints de compter; c'est à sçavoir,
nos Tresoriers & Receveurs ordinaires de Bretaigne, de deux ans en deux
ans, fors & excepté seullement les Receveurs ordinaires de Nantes, & de
Rennes, lesquels compteront par chaicun an, aux termes qui pour ce faire,
leur seront par nosdits Gens des Comptes ordonnés, l'an revolu, pour ce
que font receptes de grands denièrs, dont est bien requis veoir souvent
le fonds, pour obvier à ce que tels Recepveurs y pourroient avoir & em-
porteroient à une fois & en peu d'espace, plus de nos deniers, que eulx ne
leurs pleiges n'avoient vaillant.

Item. Les Receveurs des fouaïges, compteront pour chaicun an, &
seront tenus presenter leurs comptes de chaicune année, demi an après
qu'elle sera écheue, & le dernier terme du fouaige échu; & les Fermiers
de la Prevosté de Nantes, & aultres Fermiers subjets à compte, compteront demi an après le tems écheu & expiré desdites fermes.

Item. Affin que aulcun n'entrepreigne cougnoissance de nosdits deniers sans Nous, & pour obvier à ce que nosdits Gens des Comptes ne
soient contraints de varier à l'apetit d'aultrui, quel que ce soit; Nous déclarons & ordonnons, que en vertu de quelconques états, décharges, ou
autres garands quelconques que lesd. Officiers comptables puissent produire sur leursdits comptes, il ne sera passé ne alloué aucune chose si lesdits garants ne sont faits ne expediés par specialle Ordonnance & Mandement de nous signé de nostre main, & par ung de nos Secretaires, si-
gnants les expéditions de nos Finances.

Item. Pour obvier à ce que par diversité de depports, l'ordre néces-
cessaire en fait de compte, qui est de vuider le precedent avant que le sub-
sequant, ne soit interrompu, affin que rien ne soit obmis, ne délaissé arriere
en confusion, ordonnons expressement au tems advenir, qu'il ne sera fait
aucun depport, fors au premier compte qui sera rendu, & au subsequent
ou apurement d'icelui, seront tous depports refusés, si les comptables n'ont
fourni aux causes dudit depport, en ensuivant l'Ordonnance que au precedent leur aura été faite en nostredite Chambre desdits Comptes.

Item. Et pour donner provision au desordre & confusion qui advient
& dommaige qui nous ensuit, comme devant est dit, en ce que plusieurs Officiers comptables interjettent souvent des appellations frivolles,
en nostredit Parlement, pour dissimuler & délayer le fait, conclusion,
execution de leursdits comptes, & fouir au payement des restes qu'ils doivent par la fin d'iceulx, à la poursuite desquieulx appeaulx & procès, pour

ce fufcités ; & auffi faire les diligences , vacations, frais & mifes qui en dé
pendent , convient aufdits Gens de nos Comptes , employer & confom-
mer grande partie de leurs tems , pretermettre & retarder nos affaires à
noftre très-grand préjudice ; Nous defirant pourveoir à telles confufions ,
& que à cette fin lefdites appellations foient fommairement vuidées &
juftice adminiftrée aux parties : ores en telle celerité & expedition , comme fait de comptes & finances le requierent , & pour obvier à confufion
de procès , avons ordonné & ordonnons que dorefnavant , quand aucuns
de nofdits Comptables interjetteront appellations , en appellant en noftredite Cour de Parlement , à caufe de leurfdits comptes en general , ou en
particulier ; *en ce cas en la fin de chaicun Parlement qui fe tiendra audit*
Pays , comparoiftront & fe trouvairont en ladite Chambre trois ou quatre
de nos Confeillers audit Parlement , des plus Experts en fait de comptes ,
ou tel aultre nombre que ceulx de noftredite Cour adviferont en leurs
loyautés eftre à faire , felon la grandeur & qualité des comptes , defquels
l'on aura appellé de nofdits Gens des Comptes , *pour amprès les avoir oys*
fur les deffauts ou differents occurrents , décider defdites appellations par final
Arreft , ainfi qu'il appartiendra par raifon , fans ce que nofdits Gens
des Comptes , noftre Procureur , ne aultres pour noftre intereft , foint plus
tenus aller , ne comparoir audit Parlement , pour le fait de la décifion defdites appellations ; *pourquoi lefdits trois ou quatre Confeillers doivent aller en*
ladite Chambre comme dit eft.

Item. Et pour ce que amprès l'Arreft fait & conclud d'aucuns comptes , &
que les Recepveurs font demourés en refte ; & auffi que plufieurs ont baillé
leurs acquits & garants aufdits Recepveurs , pour leur fervir en leurs comptes , & prins contre-lettres pour devoir par amprès payer ; même que l'on
paffe à maintes perfonnes plufieurs parties par depport , attendant rendre
quittances , au moyen de quoi lefdites parties font plufieurs fois deffendeurs & fouffrent grande longueur de procès. Nous pour à ce obvier &
remedier , ordonnons , qu'après qu'il fera apparu à nofdits Gens des
Comptes defdites contrelettres , & offres de bailler quittances ou autres acquits refpectivement , commettent promptement l'execution fur les biens
defdits Receveurs & Officiers comptables , & fur leurs perfonnes , ordre
de droit gardé , qui eft de bonne raifon , & fur ledit refte femblablement,
pourtant que ce fera executer leurs Sentences ; & fi oppofition intervenoit
au fait defdites executions & provifions , ordonnons à nofdits Gens des
Comptes en cognoueftre & les terminer.

Item. Touchant nos fiefs & devoirs Seigneuriaulx pour ce que avons été
advertis , que en notredit pays de Bretaigne , font faits & paffés chacun
jour plufieurs contrats de venditions & alienations de terres & heritaiges
eftant en fiefs prouches de Nous , defquels les ventes , lods & efchoites
nous appartiennent ; & lors font nofdits Recepveurs tenus d'en rendre
compte , ainfi que des autres deniers de leurs receptes , defquelles chofes
toutes fois on ne peut avoir le cognoueffance , pour ce que les parties
contrahentes fouftreient les contrats & marchés fur ce paffés en plufieurs
Cours fubalternes fubjettes à inferiorer , pour nous deffraulder & receller
notredit debvoir. A Cette caufe ordonnons , que dorefnavant tous &
chaicuns les Notaires qui recevront & pafferont lefdits contracts de heritaiges eftans en nofdits fiefs , feront tenus de le venir reveler & en faire

rapport dedans un mois après lefdites venditions en notre prouchaine Cour,
aux Receveur & Procureur d'icelle afin d'en tenir compte , & fur peine de
privation de leurfdits Offices de Notaires , & d'amende arbitraire.

Item. Et pareillement pour ce que on ne peut avoir cognoueffance des
rachapts à nous deus & efcheus és fiefs fubjets à iceux, & aultres nos droits &
debvoirs Seigneuriaulx , par deffault des terriers , tennemens & adveux par
efcritps des feaulx & fubgiets , & de ce que lefdits heritiers & fucceffeurs
n'en rapportent pas leurs mynus , finon à leur plaifir , par quoy fommes
deffraudés de grande partie de nofdits droits , & plufieurs de nofdits droits
deperiffent & fe trouvent aliennés de jour en aultre. Nous pour à ce obvier , & enfuivant & continuant les Ordonnances par cy-devant fur ce
faites par nos predeceffeurs , mondit Seigneur & Nous , ordonnons expref-
fément, que tous nos Procureurs en chaicune Seigneurie & Jurifdiction font
& feront conraints de rendre tous & chaicuns les adveux & tennemens, une
fois l'an en noftredite Chambre des Comptes , & à nos defpens , qui en
feront moderés par nofdits Gens des Comptes , & payés fur les frais de
Juftice defdites Jurifdictions , & ce à peine de privarion de leurs Offices
de Procureur , au cas qu'ils y feroient d'orefnavant trouvés refufants ou de-
layants ; & d'abondant voulons , ordonnons & decrettons , que toutes les
aultres Ordonnances , qui aultrefois ont efté faires & adreffées par feu notredit Seigneur & Epoux le Roi Charles , mondit Seigneur & Nous , que
auffi pour la réunion à notre Domaine des chofes qui en avoient efté &
feroient alliennées , tant par Nous que par nos Predeceffeurs ; que pour
obvier à la perdition de nofdits rachapts, ventes, lods, nauffraiges & autres
dependances, droits & debvoirs Seigneuriaulx de nos Domaines & revenus,
dont eft deffendue la tuition de la chofe publique , foient continuées ,
entretenues & gardées ; & lefquelles Ordonnances & réunions à chaicune
en tant que meftier eft , Nous avons derechef decrettées & declairées ,
decrettons & declairons valloir , avoir effet , & eftre enterinnées par cefdites prefentes , par lefquelles nous donnons en mandement à nos amés
& feaulx Chevaliers & Gens de notre Confeil de Bretaigne , Gens de nofdits Comptes , General , Treforier General , Senechaulx , Baillifs ,
Alloués , Prevots , Procureurs , Lieutenants , Receveurs , & à tous
aultres Jufticiers & Officiers de noftredit pays & Duchié , & à chaicun
d'eulx comme à lui appartiendra , que nos prefentes Ordonnances en touts
lefdits points & articles , ils obfervent & gardent , & faffent obferver ,
garder & accomplir felon leur forme & teneur , fans enfraindre ne y
contrevenir en quelque maniere que ce foit ; & en procedant par
nofdits Gens des Comptes , au fait & expedition defdits comptes de
nofdirs comptables & aultres qu'il appartiendra , les contraignent &
faffent contraindre à enfaire & fouffrir , & obéir à leurs adjournemens , appointemens & Ordonnances , par toutes voyes raifonnables
& accoutumées de faire en nofdites debtes & affaires comme deffus
eft dit : C A R tel eft noftre plaifir , nonobftant ufaige & ftille dont on
a cy-devant ufé en noftredite Chambre , auquel en tant qu'il y en a
de contraire à ceftes nos prefentes Ordonnances , ne voullions qu'on ait
plus aulcun égard , mais l'avons fupprimé & aboly , fupprimons &
aboliffons de noftredite plaine puiffance & authorité deffufdite par cef-

dites prefentes, en témoing de ce, Nous avons figné de noftre main, & à icelle fait mettre & appofer noftre fcel. DONNE' à Paris le premier jour de Fevrier, l'an de grace mil cinq cens quatre. Signé, ANNE: Et fur le reply, par la Royne, & Ducheffe, NORMANT. Scellé. A de T. B. premiere liaffe, cotte premiere.

E D I T
DE FRANÇOIS PREMIER.
Du mois de Decembre 1520.

FRANÇOIS, &c. A tous ceux qui ces prefentes Lettres verront : SALUT. Comme par ci-devant plufieurs differends foient meus entre nos amés & féaux Confeillers les Gens de notre Cour de Parlement de Paris, & nos amés & féaux Confeillers les Gens de nos Comptes audit lieu, pour raifon des jugemens des matieres qui font traitéés & decidées en notre Chambre defdits Comptes, tant au fait de nos comptes, arreft & cloture d'iceux, reftitutions, refus ou delais fur la verification des Chatres & Lettres, que autres matieres, aufquels pour mettre fin, avons mandé à nofdits Gens d'icelle Cour de Parlement, & de nofdits Comptes, envoyer en cette ville de Blois aucuns perfonnages d'entr'eux, inftruits & garnis des raifons qu'ils avoient à alleguer d'une part & d'autre fur lefdits differends qui étoient entr'eux. Ce qu'ils ont fait ; & pour ce faire, ont efté envoyés de la part de nofdits Gens de Parlement, nos amés & feaux Confeillers en icelle Cour M. François Loynes & Arnaul L'huillier, & de la part de nofdits Gens des Comptes, Jean Nicolaï & Gilles Berthelot, Chevaliers, Confeillers, Premier & Tiers Prefidens, M. Jean Brinon, auffi Confeiller & Maiftre ordinaire en notre Chambre des Comptes. Pour lefquels ouir & afin d'arrefter, vuider & donner fin à toujours aufdits differends qui étoient entr'eux, ayant fait affembler & convoquer aucuns grands & notables perfonnages de notre Confeil, & entr'autres, noftre amé & feal Chancelier l'Archevêque de Sens, Chevalier de nos Ordres, nos chers & amés coufins le Sire de la Tremouille notre Premier Chambellan, & Gouverneur de Bourgogne, les Sires de Chaftillon, Maréchal de France, de Bonnivet, Admiral, & autres notables perfonnages ; en la prefence defquels avons fait propofer aufdits Delegués & Deputés defdites Cour & Chambre des Comptes par diverfes journées, leurs faits, raifons & moyens.

Et après avoir bien à plein oui & entendu lefdites raifons & moyens, & que de la part des Gens de notredite Cour de Parlement a efté allegué l'Ordonnance qu'ils prétendoient avoir été donnée, Parties ouies au lieu de St. Jean d'Angely le 5e Fevrier 1461. par feu de bonne memoire Louis XI. (que Dieu abfolve) l'ufance & plufieurs Arrêts fur ce donnés, tendans & concluans par les raifons que deffus, & plufieurs autres par eux alleguées,

à

à ce que des appointemens & jugemens defdits Gens des Comptes, l'on pourroit appeller, & que des appellations, les unes fe doivent vuider en la Chambre du Confeil (c'eft à fçavoir, quand procedoient de ligne de compte, ou clofture d'icelui) & les autres en ladite Cour de Parlement.

Et que de la part defdits Gens de nos comptes, ont efté alleguées au contraire plufieurs Ordonnances de nos prédecefleurs Rois de France, & mêmement l'Ordonnance de feu de bonne mémoire le Roi Philippe le Long, donnée au Vivier en Brie au mois de Janvier 1319, de Charles V. au mois d'Aouft 1375, Charles VI. au mois de Mars 1408, Charles VII. au mois de Decembre 1460, Loys XI. au mois de Fevrier 1464. qu'ils prétendoient avoir été données, Parties oüyes, confirmatives defdites précedentes, & révocatives de l'Ordonnance dudit Roy Loys, donnée audit lieu de Saint Jean d'Angely ledit cinquiéme jour de Fevrier 1461; aufli l'ufance & plufieurs Arrefts fur ce donnés, tendant & concluant par les raifons que deflus, & plufieurs autres par eux alleguées, notredite Chambre être érigée en dernier reflort, & être fubjette à Nous fans moyen; & que des appointemens, ordonnances & jugemens defdits Gens des Comptes ne fe pouvoit appeller, ains fi d'iceux procédoit aucun plaintif ou doleance, ils fe doivent vuider par revifion en la Chambre du Confeil, appellés trois ou quatre des Gens de notredit Parlement, en enfuivant lefdites Ordonnances.

Sur quoi, après avoir en la préfence des deflufdits, fait entendre, tant verbalement que par écrit, les fins à quoi un chacun d'eux tendoit, & deliberation des deflufdits Gens de notredit Confeil, & autres de la loy, ftatut & decret, qu'attendons fur ce bailler à nofdits Gens de Parlement & des Comptes, foit befoin fur ce decerner nos Lettres, & faire déclaration de notre vouloir.

Sçavoir faifons, que Nous voulans pourvoir à ce que les Cours & Jurifdictions de notre Royaume, mêmement celles de notredite Cour de Parlement & des Comptes qui font pour le fait de la juftice & de nos finances, les deux principales & anciennes de notre Royaume, faire vivre en bonne union, fans les laifler ne fouffrir entreprendre les unes fur les autres, ne alterer, ne énerver l'autorité & jurifdiction l'une de l'autre; pour ces caufes, & pour mettre fin aufdits différens & queftions qui fe font meus & pourroient mouvoir; pour raifon defdites chofes, avons par l'avis & deliberation que deflus, de notre certaine fcience, propre mouvement, pleine puiflance & autorité Royale, par Edit & Ordonnance perpetuelle & irrevocable, ordonné, ftatué & déclaré, ftatuons & ordonnons & declarons, voulons & nous plaît ce qui fuit.

I.

Et premierement, que pour vuider les doleances & plaintes jà faites & indecifes, ou qui fe feront d'hui en avant par les Parties, pour raifon des appointemens, fentences, jugemens & ordonnances données ou qui fe donneront par lefdits Gens des Comptes, foit en ligne de compte ou clofture d'icelui, & aufli celles qui fe feront des modifications & reftrictions, refus ou délais de verifier les Chartres & les Lettres qui s'adreflent à eux, foit que fur l'enterrement, verification ou refus defdites Lettres & Chartres foit intervenu contredit ou oppofition de notre Procureur, ou autre tierce partie, lefquelles ne fe puiflent vuider facilement &

sur le champ, ains fut la matiere, telle qu'elle requit que les Parties fuſſent amplement oüyes en leurs droits & documens veus; ou que sur leſdits enterrinement & verification ne fût baillé contredit ou oppoſition par notredit Procureur ou tierce partie, ou que leſdites oppoſitions fuſſent vuidées par les Gens de notredite Chambre sur le champ, ou autrement. Nous eſdits cas, voulons & ordonnons que leſdites oppoſitions, plaintes & doleances seront vuidées par reviſion en la Chambre du Conſeil, en laquelle seront députés de la part de notredite Cour de Parlement, le nombre de cinq au moins, & six au plus, & y aura un Préſident de chacun côté, s'il y en a à Paris, qui y puiſſent vaquer, autrement se prendra des Conſeillers. Et pareillement seront députés de la part de notredite Chambre des Comptes, ſemblable nombre de nos Gens deſdits Comptes en maniere qu'ils seront deſdites Cours & Chambres reſpectivement en égal nombre, & seront les appointemens ou ordonnances qui seront par eux rendues en ladite Chambre du Conſeil, enregiſtrées par notre Greffier, ou l'un de nos quatre Notaires de notredite Cour de Parlement, & auſſi par l'un des Greffiers de notredite Chambre des Comptes par enſemble; & s'il avenoit qu'en vuidant leſdites oppoſitions, doleances ou plaintes, noſdits Conſeillers étant en ladite Chambre du Conſeil se trouvaſſent différens en opinion, & fuſſent parties, & autant d'un côté que de l'autre, en ce cas nous advertiront incontinent de leurſdits partage & différend, pour avoir sur ce notre Déclaration & Ordonnance, & se vuideront leſdits différends par ce qu'en ordonnerons.

I I.

Item. Qu'en toutes autres cauſes & matieres où y aura commencement de procès formé entre quelques Parties, ſoit en notre Procureur ou autres, des oppoſitions qui ſouventes fois interviennent aux exécuteurs de leurs ordonnances ou appointemens, avons ordonné & ordonnons que ceux de notredite Chambre des Comptes n'en prennent aucune connoiſſance, Cour ne Juriſdiction, & laquelle audit cas leur avons interdite & deffendue; ains voulons & nous plaît qu'icelles cauſes & matieres se renvoyent aux Juges auſquels la connoiſſance en appartient; c'eſt à ſçavoir, celle des Aydes aux Généraux de la Juſtice, ou Elûs sur le fait des Aydes, & les autres où seroit queſtion de nos droits & Domaine pardevant les Conſeillers de notre Treſor, ou devant les Ordinaires, ainſi qu'ils verront au cas; & ſi du refus de renvoyer, ou renvoi devant un Juge auquel la connoiſſance en appartient, y avoit plaintes, se vuidera icelui plaintif en ladite Chambre du Conſeil, par forme de reviſion comme deſſus.

I I I.

Item. Et quant aux doleances ou plaintes qui se feront de par les comptables, ou leurs heritiers, & autres adjournés pour compter qui prétendront n'y être tenus, des ſentences & jugemens, par leſquels seroit dit qu'ils seroient tenus ou non tenus de compter, voulons & ordonnons qu'elles seront auſſi vuidées en ladite Chambre du Conſeil par forme de reviſion, comme deſſus.

I V.

Et quant aux appellations qui seront interjettées des exécuteurs des appointemens & ordonnances de notredite Chambre des Comptes, se relieveront & vuideront en notredite Cour de Parlement, fors des matieres que deſſus contenues au premier Article de cette préſente Ordonnance, & les plaintifs qui s'interjettent des adjournemens pour venir compter, qui ſe vuideront en ladite Chambre du Conſeil, en la forme que deſſus; mais pour leſdites appellations & relievement deſdits exécuteurs, faits en notredite Cour, ne ſeront retardés nos deniers, & ſera notre main garnie.

V.

Item. Voulons & ordonnons que les doléances & plaintes qui ſeront interjettées par aucuns des Préſidens, Maîtres des Comptes, Correcteurs, Clercs, Greffiers, & autres Officiers de ladite Chambre, de la correction, amende, ſuſpenſion & privation de leurs Offices, eſquels ſeroient par ladite Chambre condamnés, pour avoir delinqué en l'adminiſtration de leurs Offices, ou pour deſobéiſſance ou autres malverſations, ou pour ne garder nos Ordonnances, & du refus ou délai de ne les inſtituer auſdits Offices, leſdites matieres ſe vuideront par reviſion en ladite Chambre du Conſeil, en laquelle toutefois eſdits cas y aura plus grand nombre de nos Conſeillers de notre Cour, de deux, que ne ſeront noſdits Gens des Comptes.

SI DONNONS EN MANDEMENT par ceſdites Préſentes à noſdits Conſeillers, &c. DONNE' à Blois au mois de Decembre, l'an de grace mil cinq cent vingt, & de notre regne le ſixiéme; ainſi ſigné ſous le repli François, & ſur le repli, par le Roy, l'Archevêque de Sens, le Sire de Bonivet Admiral de France, & autres préſens, ROBERT, & ſcellées à double queuë de cire jaune.

Lecta, publicata & regiſtrata in Camera Computorum domini noſtri regis audito, Procuratore dicti domini die decima quinta Decembris, anno 1520. *Sic ſignatum,* LE BLANC.

DECLARATION

DE FRANÇOIS PREMIER.

Du 13. Fevrier 1517.

FRANÇOIS, par la grace de Dieu, Roy de France, pere, légitime adminiſtrateur & uſufructuaire des biens de notre très-cher & très-amé fils le Dauphin, Duc & Seigneur proprietaire des Pays & Duché de Bretagne: A tous ceux qui ces Préſentes Lettres verront; SALUT. Comme il ſoit venu à notre connoiſſance, & ayons eſté amplement informés, que nos deniers, tant ordinaires qu'extraordinaires de noſdits Pays & Duché ſont grandement diminués, & ſouventes fois retardés, au moyen que noſdits deniers ne ſont levés, ne conduits par bon ordre & moyen contenant vérité, & même remontrances nous ayent eſté faites, que combien que par

nos anciennes Ordonnances, afin d'avoir vraye & entiere cognoüeſſance
des ventes & loddes qui nous ſont deubs , euſſions ordonné que tous &
chacuns les Notaires qui recevroient & paſſeroient Contrats de héritages
tenus prochement de Nous ; & deſquels les ventes & loddes nous appartiennent , ſeroient tenus de les venir relever & en faire rapport dedans
huit jours , après leſdites venditions faites à notre prochaine Cour ou Juriſdiction , aux Procureurs & Receveurs d'icelle , afin d'en tenir compte
pardevant nos amés & feaulx les Gens de noſtre Chambre des Comptes
dudit Pays , & pareillement pour avoir cognoüeſſance des rachapts à Nous
dûs , euſſions par cy-devant ſtatué & ordonné que nos Procureurs , chacun en ſa Juriſdiction , ſeroient tenus & contraints de rendre une fois l'an
à notredite Chambre des Comptes , tous & chacun les adveux , mvnus ,
& tenües par écrit de nos ſubgets ; & que pour ſuivre , garder & obſerver
nos Ordonnances , & faire venir à lumiere tout ce qui nous pourroit être
dû , tant à cauſe deſdites ventes , & loddes , rachapts & ſous-rachapts ,
que aultres nos droits & debvoirs Seigneuriaulx , caſuels & incertains , noſdits Gens des Comptes ayant par pluſieurs fois fait ordonnance & injonc-
tion à noſdits Receveurs , de faire par chacun an , chacun en ſa Recette ,
ung Cahier en parchemin , auquel ſeroient ſpécifiés & déclairés tous leſdits deniers caſuels à Nous écheus & advenus en chacune de noſdites Receptes , lequel Cahier ſeroit ſigné & certifié de l'un de nos Juges , Procureurs & Greffiers , & délivré à noſdits Receveurs , pour icelui Cahier
rapporter ſur leurs comptes , pour ſervir à la vérification d'iceulx , ce neanmoins , noſdits Officiers , Receveurs & Comptables , voulant diſſimuler ou
receller noſdits deniers , n'ont voulu tenir cet ordre ; & s'excuſent leſdits
comptables , que noſdits Juges & Procureurs ne veulent obéir auxdites
Ordonnances & Mandemens de notredite Chambre des Comptes ; auſſi
noſdits Receveurs & Comptables ſouventes fois font faire les appré-
cimens de nos Grains à bas & vil prix , & en ſaiſon non convenable ,
& quelquefois par relation de témoins qui leur ſont favorables , en quoi
nous avons eû par le paſſé grande perte & diminution de nos deniers :
Davantage iceulx Receveurs & Comptables tendant ſouventes fois à délayer la concluſion de leurs comptes , & retarder le payement de nos deniers , qu'ils ſçavent avoir bon entre leurs mains , s'efforcent par tous
moyens interjetter grand nombre d'appellations en notre Cour de Parlement dudit Pays , des adjournemens , aſſignations , refus & ordonnances à eux faits par noſdits Gens des Comptes , ou leſdites matieres qui requierent célerité , demeurent par long tems ſans être décidées , dont s'enſuit grand perte & dommaige pour Nous , & involution de procès , frais ,
miſes & vexations : & en oultre remontrances nous ayent eſté ſemblablement faites que noſdits Receveurs rapportent ſouvent en la décharge
de leurs comptes pluſieurs rentes & héritages qu'ils diſent être vacantes ,
incognuës & inhabitées , & partant de nulle valeur & revenu , & s'excuſent d'en tenir compte , parce qu'ils ne peuvent avoir cognoiſſance deſdites rentes & héritaiges , ne des détempteurs d'iceulx , au moyen que par
les anciens rentiers & comptes de leurs prédeceſſeurs n'y a aucunes bor-
nes ne confrontations , dont eſt advenu que pluſieurs de nos ſubjets nobles & autres ont uſurpé & uſurpent notredite Domaine ; les ungs par entreprendre

entreprendre la poſſeſſion de nos heritaiges qui joignent à eulx : les autres
en ſe attribuant les foys & hommaiges de nos hommes & vaſſaulx ; à toutes
leſquelles choſes & aultres qui touchent & concernent le bien & accroiſſe-
ment de notred. Domaine, eſt très néceſſaire de pourvoir & donner ordre ;
ſçavoir faiſons , que nous deſirant le fait & revenu de notredit Domaine
eſtre réduit, dirigé & conduit par bon moyen & ordre, contenant vérité, à la plus grande valleur que faire ſe pourra , pour le prouſfit & utilité de Nous , décharge & ſoullaigement de noſtre pouvre Peuple & ſubjets ; avons , après avoir eû ſur ce grande & meure délibération d'aucuns
Princes de notre Sang & des Gens de notre Conſeil , ſtatué , déclaré , &
ordonné , ſtatuons, déclarons & ordonnons de noſtre certaine ſcience ,
pleine puiſſance & autorité Royale , les Edits , Statuts & Ordonnances qui
s'enſuivent.

Et premierement ordonnons, que ce qui a eſté par cy devant par Nous
ordonné quant aux Notaires pour le fait des réceptions & paſſ mens de
Contrats de heritaiges ; & à nos Procureurs pour le fair de nos adveux ,
mynuts & dénombremens , ſera entretenu , gardé & obſervé , & y obéi-
ront & l'enſuivront noſdits Procureurs & Notaires reſpectivement , chacun en ſon égard , ſur les peines contenues en ladite Ordonnance ; &
en oultre ordonnons que en l'advenir, pour avoir certaine & entiere cognoiſſance des deniers à Nous dûs , tant à cauſe des ventes & loddes , rachapts & ſous-rachapts , ſaiſies , confiſcations , ſucceſſions de baſtards ,
deshérances , naufraiges & bris de mer , eſpaves & gallois , & tous aultres
nos deniers caſuels & devoirs Seigneuriaux dépendans de notredit Domaine , nos Juges & Procureurs , chacun en ſa Juriſdiction , ſeront tenus
de faire par chacun an , ung Cahier en parchemin , auquel ſeront rappor-
tés , ſpécifiés & déclairés par le meſnu les noms & ſurnoms des contra-
hans , & le prix des heritaiges vendus , dont les ventes & loddes nous appartiennent : auſſi audit Cahier ſeront pareillement deſclairés tous & chacuns les rachapts & ſous-rachapts à Nous advenus en ladite année , avec
les noms & ſurnoms de ceux par le deceix deſquels leſdits rachapts &
ſous rachapts nous appartiennent , ſemblablement par icelui cahier (afin
que aucune choſe ne s'égare de noſdits deniers caſuels de noſtredit Domaine) ſera faite déclaration expreſſe des ſaiſies faites en ladite année ,
& des cauſes d'icelles , pareillement des confiſcations , ſucceſſions de
Baſtards , desherances , naufraiges & briz de mer , eſpaves & gallois ,
& de tous nos autres droits & devoirs ſeigneuriaulx , ſans aucuns en
obmettre ; & attendu qu'en noſdites Recettes n'y a controlle par Nous
eſtabli , & que noſdits Juges & Procureurs peuvent & doivent avoir
cognoueſſence de noſdits droits & prouffits qui nous adviennent en leurs
Juriſdictions, Nous voulons & ordonnons , que au bout dudit cahier
ils ſe ſouſcrivent , & certifient ledit cahier , lequel ſera baillé & delivré
par chacun an audit Recepveur , pour icelui raporter ſur ſon compte ,
afin que noſdits Gens des Comptes puiſſent clairement & certaine-
ment vérifier la charge & recette d'un chacun de noſdits Recepveurs &
Comptables.

Item. Conſiderant que une grande partie du revenu de noſtredit Domaine conſiſte en bleds , avoines & autres grains , & que ſouventes fois

lesdits Recepveurs les font apprécier à bas & vil prix par nos Juges
& Officiers, en saison non convenable, par informations de témoins
à eulx favorables, en quoi nous avons eu par le passé grande perte &
diminution de nos deniers. Ordonnons que doresnavant il sera par nos
Juges, Procureurs & Officiers de nos Barres, Jurisdictions & Recettes
dudit Pays, procedé à faire ventes ordinaires de nosdits grains par une
ou deux saisons qu'ils vairont & cognouestront en leurs loyautez &
consciences, être les plus convenables, avant égard au nombre &
quantité des grains d'icelles receptes, lesquelles ventes de grains seront
préalablement proclamez ès lieux & places accoutumées, & après que
le tems suffisant sera escheu, seront délivrez à plects généraulx aux plus
offrans & derniers, ainsi que les fermes muables desdites Receptes, sans
fraude ne collusion des deniers provenans, desquelles ventes nosdits
Receveurs feront recette & chapitre de vente de grains; & pour icelle
Recepte vérifier, seront tenus de rapporter sur l'examen de leurs comptes,
les bannies & ventes desdits grains, solemnellement faites & certifiées de
l'un de nosdits Juges & Procureurs, sans ce que en l'avenir ils soient plus
reçus à apporter les appréciments dont ils ont usé par le passé; & lesquels
appréciments nous avons interdits & deffendus, interdisons & deffendons.

Item. Et afin que nosdits Comptables ne présument pas cy-après interjetter si souvent appellations frivoles, comme ils ont fait par cy-devant,
pour toujours dissimuler & delayer la fin, conclusion & execution des
debets de leurs Comptes, avons ordonné & ordonnons, que pour vuider
lesdites appellations, doleances & plaintes ja faites & indécises, ou qui se
feront d'hui en avant par les Parties, pour raison des appointemens, Sentences, Jugemens & Ordonnances données, ou qui se donneront par les
Gens de nosdits Comptes, tant en ligne de compte, ou clôture d'icelui,
que pour raison des Ajournemens & Ordonnances par eux décretées, pour
faire venir à compte nosdits Officiers comptables, & leurs veuves & héri-
tiers, à cause des charges, maniment & administration de nos deniers de
nostredit Pays & Duché de Bretaigne, seront les cas dessusdits executez
par provision pendant les appellations, si aucunes en font interjettées, la
cognoueffance & Jugement desquelles appartiendra à nostredite Cour de
Parlement dudit Pays de Bretaigne, comme a esté fait par cy-devant; &
quant à toutes autres causes & matieres, en demeurera la cognoueffance
& jurisdiction à ceux qu'il appartient, & ainsi qu'il a esté fait & observé
le tems passé, & sans y innover aucune chose, pourvu toutesfois que nos
deniers n'en soient retardez, & soit notre main garnie.

Item. Pour donner provision & ordre aux entreprises & usurpations, qui par voyes obliques ont esté faites sur notredit Domaine,
avons commis, ordonné & député, commettons, ordonnons &
députons les Gens de nosdits Comptes, & deux d'entr'eux élus par
ladite Chambre, pour se transporter pendant les clôtures de notredite
Chambre ès lieux, Jurisdictions & Recettes de nosdits Pays & Duché, ainsi qu'ils vairont être requis & nécessaire, pour appelez avec
eux l'un de nosdits Juges & Procureurs dessus les lieux, soy enquerir, &
faire information sommairement & de plein, & sans figure de proceix, de toutes & chacunes les entreprises & usurpations faites sur notre
Domaine, & aussi des terres vagues, frostes & inhabitées; ensemble

des rentes & devoirs que nofdits Receveurs difent être non payables &
incognus , & pour y parvenir , contraindre, fi meftier eft , les detemp-
teurs , à montrer & faire apparoir à quel titre & debvoir ils tiennent
iceulx héritaiges , & s'il fe trouvoit aucune chofe de notre Domaine
avoir efté baillé par nofdits Receveurs, ou autres , ne ayant pouvoir
exprés de Nous , quant à ce , caffer, révoquer & adnuller icelles baillées , & contraindre lefdits détempteurs à en vuider leurs mains, pour
ce fait proceder par nofdits Gens des Comptes, à faire nouvelles baillées defdites terres & héritaiges ainfi ufurpées & mal baillées, vacantes
& inhabitées à titre de refte , cens & feaige , aux plus offrans & derniers encherilfeurs , ainfi qu'ils verront être requis , pour le bien &
augmentation de notredit Domaine ; & à ce faire & fouffrir , contraindre tous ceux qu'il appartiendra , & qui pour ce feront à contraindre , nonobftant oppofitions ou appellations , arrêts , contredits & em-
pefchemens quelconques , & fans préjudice d'iceulx , defquelles baillées ,
reftes & réformations de notredit Domaine , lefdits Commiffaires feront
un papier terrier & livre rentier , auquel feront déclairez lefdites nouvelles baillées & rentes par tenans & aboutiffans , & les noms & fur-
noms des perfonnes qui les tiennent & poffedent , dont il fera laiffe
un double en papier à chacun de nofdits Recepveurs, pour fe regler
& gouverner à l'avenir au recouvrement de nofdites rentes & deniers ;
l'original duquel Livre qui fera efcript en parchemin , fera rapporté en
notredite Chambre , pour la confervation & perpetuel mémoire de notredit Domaine ; pour faire & exécuter laquelle commiffion & les chofes
à ce requifes & néceffaires , Nous voulons que le Receveur par Nous
commis au recouvrement des reftes des Comptes dudit Pays , paye , baille
& délivre des deniers defdits reftes , par l'Ordonnance des Gens de notredite Chambre , les frais , vacations & mifes à ce néceffaires , jufques
à la fomme de cinq cens livres en monnoye , & au-deffous pour une fois,
& que ladite fomme que ledit Receveur aura ainfi payée lui foit alloüée
en fes comptes , en rapportant par lui l'Ordonnance de notredite Chambre , & quittances des Parties fur lefdits cahiers & procedures qui feront
apportées en notredite Chambre.

Item. Et pour ce que de nos fyez proches , voulons avoir vraie & entiere
cognoueffance , & que depuis notre avenement à la Couronne , il fe trouve
bien peu d'hommages & fermens de fidelité & feautés qui nous ayent efté
faits , ou és mains de notre amé & feal Chancelier , tant par les Evêques , Comtes & Barons , que aultres nos Vaffaulx & Subjets dudit Pays ,
lefquels le plus fouvent , & quafi tout le long de leur vie , font tenus en
fauf repit & fouffrance de foy par nos Officiers de Juftice , de Nous
faire les hommages & fermens de fidelité qu'ils nous font tenus faire
au moyen que nofdits Vaffaulx & Subjets s'excufent de venir vers Nous
ou notredit Chancelier , & maintiennent qu'ils ne font tenus fortir hors
des limites de notredit Duché pour telle matiere ; & en cette confidera-
tion , s'eft par cy-devant , & pourroit en l'advenir égarer & perdre grand
nombre de nofdits Vaffaulx & Subjets , & ferions conféquemment fraudez
des droits de Nous héréditaulx & feigneuriaulx qui nous appartiennent ,
pour auxquels inconveniens & dommaiges obvier , avons voulu , ftatué ,
& ordonné , voulons , ftatuons & ordonnons , que dorefnavant nofdits

Juges, Procureurs & Officiers ne bailleront à nosdits Vassaulx & Subjets, ne aulcun d'eulx, sauf repit ou souffrance de foy ; mais si-tôt & incontinent que aulcun rachapt ou aultre debvoir Seigneurial nous sera escheu & advenu, soit par vendition, eschange, deceds ou aultre mutation, nosdits Juges apposeront, à la Requeste de nos Procureurs, la saisie sur les Fiefs, Terres & Seigneuries tenuës de Nous, dont ne sera baillé aucune main-levée, jusques à ce que nosdits Vassaulx & Subjets ayent fait les foy & hommaiges que tenus nous sont de faire, & avec ce bailler leurs minus & dénombremens. Pour faire lesquels hommaiges, nosdits Vassaulx & Subjets, en l'absence de Nous & de notre amé & féal Chancelier, estant hors ledit Pays & Duché de Bretaigne, seront tenus se retirer en notredite Chambre des Comptes, pour faire les foy & hommaiges que tenus Nous sont de faire, & pour icelles recepvoir, avons donné & donnons plein pouvoir & puissance à nos amez & feaulx les Gens de nosdits Comptes, sauf toutesfois & reservé à Nous, ou à notre amé & féal Chancelier les foy, hommaiges & sermens de fidelité des Evêques, Comtes & Barons, & Seigneurs des Fiefs, de la valeur de cinq cens livres, monnoye du Pays, du revenu annuel & au-dessus, lesquels seront tenus faire leursdits hommaiges à Nous, ou ès mains de nostredit Chancelier, & rapporter les Lettres de leursdits hommaiges, à nostredite Chambre des Comptes, pour en prendre attache & vérification, auparavant que d'avoir aucune main-levée de leursdites Terres saisies, & en icelle bailler leurs mynus & dénombremens, desquelles receptions de foy & hommaige, & vérification d'iceulx, il sera fait bon & loyal Regiftre en notre Chambre, afin de mémoire perpetuel de nos hommes, Vassaulx & Subjets. Si DONNONS EN MANDEMENT par ces Presentes à nos amez & feaulx les Gens tenans nos Parlement, Conseil & Chancellerie, Chambre de nosdits Comptes audit Pays de Bretaigne, & à tous nos Seneschaulx, Baillifs, Procureurs, Recepveurs & autres nos Justiciers & Officiers, & leurs Lieutenans présens & advenir, & à chacun d'eulx comme à lui appartiendra, que nos presens Edits, Statuts & Ordonnances ils faffent lire, publier & enregistrer, tant en notredit Parlement & Chancellerie, qu'en notredite Chambre des Comptes, & par tout ailleurs où mestier sera, & icelles en tous leurs points & articles observent, gardent & accomplissent, faffent observer, garder & accomplir selon leur forme & teneur, sans aucune chose enfraindre, ne contrevenir en quelque maniere que ce soit : CAR tel est notre plaisir, nonobstant quelconques Ordonnances, Edits, Statuts, Us, Stille, Mandemens ou deffenses à ce contraires, auxquels nous avons dérogé & dérogeons par ces Présentes, ensemble à la dérogation de la dérogatoire d'icelle ; & pour ce que l'on pourroit à faire de ces presentes Ordonnances, ou de aucuns articles d'icelles en plusieurs lieux, Nous voulons qu'au *vidimus* fait sous Scel Royal, foy soit ajoutée comme à ce present original, auquel, en témoin de ce, Nous avons fait mettre notre Scel. Donné à Moulins le treiziéme jour de Fevrier, l'an de grace mil cinq cens trente-sept, & de notre Regne le vingt-quatriéme. Ainsi signé : Par le Roi en son Conseil, BRETON. Et scellé A. de T. B. quatriéme liasse, Cotte 99.

LETTRES

LETTRES
DE FRANÇOIS PREMIER.

Du 13. Mars 1545.

FRANÇOIS, par la grace de Dieu, Roy de France : A nos amez & feaux Confeillers, Maiftre François de Kmaingui, fecond Préfident, & Jacques Viart, Maiftre en la Chambre de nos Comptes en Bretaigne : Comme vous avez efté commis pour la réformation du Domaine de la Terre & Seigneurie de Rhuys, & depuis pour plus brieve expedition de Juftice, Nous avons par nos Lettres Patentes du quatriéme du mois de Novembre dernier paffé, commis & attribué en dernier reffort, aux Gens de nofdits Comptes en Bretaigne la cognoueffance & décifion des appellations, débats, inftances, proceix & incidans, provenans du fait de ladite réformation, & icelle interdite & deffendue à tous autres Juges : fuivant lefquelles Lettres qui auroient efté bien & dûment luës, publiées & fignifiées aux Juges ordinaires dudit Rhuis, les Gens de nofdits Comptes auroient donné plufieurs Jugemens & Arrêts, pour lefquelles rendre illufoires; enfemble ce que par vous a efté fait chacun jour en ladite réformation, & par voye indirecte, ofter la cognoueffance defdites matieres aux Gens de nofdits Comptes, & l'attribuer à la Cour du Parlement dudit Pays, lefdits Juges de Rhuys ont reçu, & chacun jour reçoivent les Sujets de ladite Seigneurie, à plaidoyer pardevant eulx, des chofes concernant le fait de ladite réformation, & defquelles ils ont efté par ladite réformation privez ou défaifis, & les appellations defdits Juges relevent au Parlement, qui eft une vraye intelligence entre lefdits Juges & Subgiets, pour abolir, ou quoique ce foit, interrompre & confondre d'incidens ladite Reformation, qui en la plus part, a efté faite par vous, & au parachevement de laquelle vous eftes de préfent occupés, & a efté l'execution d'icelle & grandement retardée, par les moyens deffufdits, ainfi que Notre Procureur Général en la dite Chambre Nous a fait entendre, Nous Requerant fur ce, Nos Lettres de Provifions, pour quoi Nous defirant l'entiere reformation da notredit Domaine : Vous mandons, Commandons & Enjoignons, que fuivant votredite Commiffion, vous ayez à proceder au fait de ladite réformation; faifant expreffes inhibitions & deffenfes, de par Nous, tant auxdits Juges de Rhuys, & tous autres, que aux Gens de Notredite Cour, qu'ils n'ayent à entreprendre aucune Cour, Jurifdiction, & cognoueffance des chofes concernant le fait de ladite reformation, circonftances & dépendances d'icelles, en aucune maniere, fur peine de fufpenfion, ou privation de leurs Offices, & autres peines & amendes que vous adgerez, & aux Subgiers de ladite Seigneurie, de non en faire ailleurs pourfuite que devant vous, & les Gens de Nofdits Comptes, auxquels, comme dit eft, Nous en avons par nos dernieres Lettres attribué la cognoueffance

I

en dernier & souverain resort, privativement à tous autres, & d'abondant informez-vous bien & diligemment des menées & contraventions faites par lesdits Juges de Rhuys, au contemnement & préjudicede ladite réformation, & de nos Lettres & défenses ; & les informations & preuves que vous en aurez faites, renvoyez au Gens de Nosdits Comptes, auxquels Nous Mandons, Commandons & expressément Enjoignons d'y pourvoir promptement ; & à Notredit Procureur en ladite Chambre, faire si bonne & prompte justice, qu'il n'y ait plus occasion d'en retourner plaintif pardevers Nous : CAR tel est notre plaisir, de ce faire, vous avons, & auxdits Gens de nos Comptes donné & donnons plein pouvoir, puissance, autorité, Mandement, Jurisdiction, Commission especiale, Mandons & Commandons à tous nos Justiciers, Officiers & Subgiets, que à vous, en ce faisant, soit obéy. DONNE' à Rembouillet le treiziéme jour de Mars, l'an de Grace mille cinq cent quarante-cinq, & de notre Regne le trente-troisiéme. Signé : par le Roy en son Conseil. BOCHETE. Et Scellé. A. de T. B. liasse 8. cotte 104.

LETTRES

DU ROY FRANÇOIS I.

Du 4. Novembre 1545.

FRANÇOIS, par la Grace de Dieu, Roy de France : A nos amés & feaux les Gens de nos Comptes en nos Païs & Duché de Bretagne : SALUT, & dilection. Comme par les Ordonnances & Edits faits, tant par Nous que par nos Prédecesseurs, sur l'administration & gouvernement du Domaine dudit Païs & Duché de Bretagne, *toute la Jurisdiction & connoissance dudit Domaine vous ait été baillée & attribuée, & entr'autres choses le pouvoir de commettre & deputer aucuns de vous, durant la clôture de la Chambre, pour se transporter sur les lieux où sont lesdits Domaines, pour entendre si aucucunes usurpations, & abus y ont été commis, pour les reformer,* suivant lequel pouvoir vous auriez puis n'a guere député certains Commissaires pour proceder à la reformation du Domaine de l'Isle, Terre & Seigneurie de Rhuis, qui est belle & de grande estendue, & les Héritages de laquelle sont la plusspart tenus immédiatement de Nous à tiltre, qu'on appelle audit Païs, couvenant à l'usement de Broerech, selon lequel usement les Détenteurs desdits héritages les doivent cultiver & labourer, & des fruits qui en proviennent, payer à la Recette ordinaire de ladite Seigneurie, aucuns la tierce, aucuns la quarte Gerbe, & autres certaines sommes de deniers par chacun an, avec plusieurs autres devoirs pendant le tems qu'il leur est permis tenir lesdits héritages à eux baillés audit tiltre de couvenant, dont ils peuvent jouïr jusqu'à ce qu'ils soient remboursés des Edifices & améliorations par eux faites esdits héritages utillement, & pour servir à profit perpetuel, & augmentation du revenu de la Seigneurie ; & combien que iceulx Détententeurs ne puiſſent, ſelon leſdits uſement & raiſon (vû qu'ils ne ſont Seigneurs proprietaires deſdits Héritages) les mettre en autres mains, ſans le congé & vouloir du Seigneur, toutefois leſdits Reformateurs ont trouvé, que leſdits Détenteurs ſous ombre de dire qu'ils tranſportent les droits des Edifices & amelliorations deſdites choſes dont ils euſſent pû demander récompenſe, lorſqu'on les eut contrains d'en délaiſſer la détention, ont mis pluſieurs Héritages qu'ils tenoient à ce tiltre, en autres mains ; les uns en tranſportant le tout de ce qu'ils tenoient, & les autres portion, dont eſt venu grand dommage & diminution du revenu de ladite Seigneurie, tant pour ce qu'ils ont mis ès mains moins ſolvables & ydoines, & ſuffiſantes pour labourer leſdites terres, faire les corvées, ſervices & devoirs qui en ſont dûs, comme Gens nobles, de Juſtice, & autres qualités ; que auſſi, que au moyen deſdites particulieres alliénnations, une tenue eſt demembrée & miſe en pluſieurs mains, contre l'état ancien de ladite Seigneurie ; & d'avantage auroient leſdits Commiſſaires trouvé, que aucuns qui tenoient Héritages audit devoir de tierce, ou quarte gerbe, ou à certaines ſommes de deniers, les auroient fait planter en vigne ou mis en prés, ou autrement changé leur premiere nature dont ils ne payoient aucun devoir, pour leſquels abus, déguiſements & uſurpations deſuſdits, iceux Commiſſaires auroient leſdites terres ainſi alliennées, uſurpées, & alterées de leur nature, réunies au Domaine de ladite Seigneurie, ſelon la forme ancienne, & ledit uſement de Broerech, ſauf à faire droit aux Preneurs & Achapteurs d'icelles, des deniers par eux baillés ; avec défenſe à l'avenir de plus alliener, departir, ne changer leſdites terres, ſur peine de nullité des Contracts, & autres peines arbitraires : & quant aux Héritages deſquels l'on auroit changé l'état & nature, ils les ont réunis en notre main, pour être baillés au profit & augmentation du revenu de ladite Seigneurie : deſquels appointemens, Ordonnances, Sentences, & autres Expéditions concernant ladite reformation, pluſieurs ſe ſeroient portés pour Appellans ; néanmoins leſquelles Appellations, & ſans préjudice d'icelles, iceux Commiſſaires, ſuivant le pouvoir à eux donné, auroient ordonné leurſdites Ordonnances & Sentences être exécutées, à quoi les Parties n'ont voulu & ne veulent garder état, ne obéï, ains y ont contrevenu & contreviennent de jour à autre, au grand mépris & contemnement de Juſtice, retardement de nos deniers, & diminution du revenu de ladite Seigneurie, *leſquelles Appellations combien qu'elles doivent être traitées par devant vous, en laſdite Chambre, où ſont tous les enſeignemens ſervans pour connoître la vérité de nos droits, & de ceux de nos Sujets* ; toutesfois aucuns pourroient ſur ce faire difficulté ; & des Sentences qui ſeroient par vous données en ladite Chambre, interjetter Appellations, & demander vos Jugemens être reçûs par un Préſident & certain nombre de Conſeillers de notre Cour de Parlement dudit Païs, avec aucuns de vous, ſelon, & en ſuivant les Edits ſur ce faits, *qui ſeroit une grande longueur, en matiere de reformation de noſtredit Domaine, où eſt réquis proceder ſommairement*, qui Nous porteroit à l'avenir, & à Notre très cher & très amés Fils le Dauphin, Duc dudit Païs, grande perte & grand dommage, s'il n'y étoit promptement & ſommairement pourvû. Pour ce eſt-il, que Nous, déſirant nos Droits, & entr'autres ceux de notre Domaine, eſtre ſoigneuſement gardés & pourvoir aux abus & entreprifes qui y ont été faites & s'y peuvent faire ; vous mandons & commettons par ces Préfentes, que reprifes par vous les Procedures faites par lefdits Commiſſaires Reformateurs, & appellez avec vous de nos amés & feaulx Confeillers de notre Parlement, ou de nos Confeils & Chancellerie dudit Païs, au lieu de ceux de vous qui feront abfens, recufés, ou autrement empêchés, de maniere que vous foyez en tout, jufqu'au nombre de dix, vous connoiſſiez, jugiez, décidiez & déterminiez les Appellations interjettées, & à interjetter defdits Commiſſaires Reformateurs; comme auſſi tous autres Procès généralement, Inſtances, & différends mûs & à mouvoir procedans du fait de ladite reformation, circonſtances & dépendances d'icelle, ainſi que vous verrez eftre à faire par juftice & raifon ; & les Sentences, Ordonnances & appointemens qui fur ce, par vous feront donnés audit nombre de dix, Voulons être exécutés réaulment & de fait, & fortir tel effet, force & vertu, comme fi c'étoient Arrêts donnés par Nous, ou notre Parlement audit Païs, & comme tels les avons dés à-préfent, comme pour lors validés & autorifés, validons & autorifons de notre certaine fcience, pleine puiſſance & autorité Royale, nonobſtant l'établiſſement de notredit Parlement, Statuts, Edits & Ordonnances quelconques, auxquelles Nous avons pour cette fois, & fans préjudice en autres chofes, dérrogé, & derrogeons par cefdites Préfentes, par lefquelles vous mandons & commandons, que fur les contraventions & defobéïſſances faites aux Saifies, Ordonnances & appointemens defdits Commiſſaires, lefquels Nous voulons eftre, nonobſtant oppofitions & & appellations quelconques, & fans préjudice d'icelles, obfervées, gardées & entretenues, jufqu'à ce qu'autrement par vous en foit ordonné, informé & procedé, à telles peines, punitions & corrections, que felon l'exigement des cas, vous verrez eftre à ce faire ; Car tel eft notre plaifir. Donné à Angerville le quatriéme jour de Novembre, l'an de Grace mil cinq cent quarante-fix, & de notre Regne le trente-deuxiéme : ainſi figné, par le Roy, RENE' DE BOUVERY, Maiftre des Requeftes de l'Hôtel, préfent DE NEUFVILLE, & fcellées de cire jaulne à fimple queuë.

DECLARATION
DU ROI HENRI II.

Du dernier jour de Décembre 1551.

HENRI, par la grace de Dieu, Roi de France : A tous ceux qui ces préfentes Lettres verront ; Salut. Comme par plufieurs Edits & Statuts de nos prédéceſſeurs Rois, & même par feu de bonne mémoire le Roi Charles VII. par fes Lettres données à Bourges au mois de Décembre mil quatre cens foixante, ait entre autres chofes voulu, ftatué & ordonné, que les Gens de fes Comptes à Paris, fceans en la Chambre defdits Comptes, euſſent l'entiere connoiſſance & jugemens de

toutes

toutes injures dites ou faites en ladite Chambre, en jugement, ou dehors, à aucuns des Gens ou Officiers en icelle, mêmement en faisant & exerceant leurs Offices, sans qu'aucuns ayent esté, ou doivent estre reçus à appeller des Appointemens, Commissions, Jugemens, Sentences ou Arréts faits & donnés ès cas dessusdits ou semblables, par lesdits Gens des Comptes, & que feu notre très-honoré Seigneur & Pere que Dieu absolve, par ses Lettres d'Edit données à Blois au mois de Décembre 1520, lûës, publiées & enregistrées en notre Cour de Parlement, à Paris le 11 Avril 1521 après Pâques, ait aussi voulu, statué & ordonné entr'autres choses, que les doleances & plaintes qui seront interjettées par aucuns des Présidens, Maistres des Comptes, Correcteurs, Clercs, Greffiers, & autres Officiers de notredite Chambre, de la correction, amendes, suspension, ou privation de leurs Offices, esquelles seroient par ladite Chambre condemnez, pour avoir délinqué en l'administration de leurs Offices, ou pour désobéissances, ou autres malversations, ou pour ne garder les Ordonnances de ladite Chambre, la connoissances de telles matieres auroit voulu estre attribuée & appartenir auxdits Gens des Comptes, & par révision en la Chambre du Conseil, ainsi que plus à plein est dit, déclairé & ordonné par lesdites Lettres enregistrées en ladite Chambre. Ce néantmoins nos amés & feaulx les Gens desdits Comptes nous ont fait dire & remontrer, que nos Officiers en ladite Chambre ou aucuns d'iceux contre lesquels elle a voulu proceder & connoître de certain différent meus en icelle Chambre, pour raison de quelques prétendues injures avoir été dites à l'encontre l'un de l'autre, en faisant & exerceant leurs Offices au Bureau de ladite Chambre, ne veulent subir jurisdiction pardevant eux, sous couleur d'une prétenduë évocation par nous octroyée le 5 Janvier 1547, à la Requeste de notre Amé & féal Conseiller & Président en icelle Chambre, Maistre François Alaman, par laquelle Nous aurions évoqué à Nous toutes ses causes & procès concernant les biens, facultez ou personne dudit Alaman, circonstances & dépendances d'iceulx, & le tout renvoyé pardevant les Gens tenant notre Grand Conseil, auxquels Nous en aurions attribué toute Cour, Jurisdiction & connoissance, interdit & deffendu à tous nos autres Juges & Cours d'en connoître, au moyen de quoi nosdits Gens des Comptes auroient par leur Arrêt donné le dix-neuf de ce présent mois, surcis & suspendu leurs pourfuites, procès & procédures desdites prétendues injures, jusqu'à ce que par Nous aultrement il en fût ordonné, Nous requerans Nosdits Gens des Comptes sur ce déclairer nos vouloir & intention. Sçavoir faisons, que vû par Nous en notre Conseil privé lesdits Edits ci-dessus mentionnez, & après avoir eû sur ce l'avis & déliberation des Gens de notredit Conseil, & consideré la conséquence de telles & semblables matieres, desquelles la connoissance en appartient & doit appartenir à nos Juges des Cours Souveraines esquelles lesdites injures se font, & autres troubles & différens qui y surviennent; aussi qu'il n'est raisonnable ne descent, que autres en ayent la connoissance & jurisdiction, joint que si telles matieres étoient distraites, & traitées ailleurs, pourroit estre cause de la distraction du service ordinaire que Nous doivent nosdits Officiers en nosdites Cours Souveraines,

K

comme en notredite Chambre des Comptes. A CETTE CAUSE, Nous avons dit, & ordonné & déclairé, disons, ordonnons & déclairons de notre certaine science, pleine puissance & autorité Royale, *que toutes lesdites matieres d'injures dites ou faites en ladite Chambre, en jugement, ou dehors, à aucuns des Gens de nos Officiers en icelle, mesmement en faisant & exerçant leurs Offices, leurs circonstances & dépendances, en quelque sorte, façon & maniere que ce soit, que la connoissance en appartiendra & demeurera en icelle notredite Chambre, pour y estre jugées & décidées par Arrest,* nonobstant ladite prétendue évocation, laquelle pour ce regard Nous avons revoquée & annullée, revoquons & annullons par cesdites Présentes, interdict & deffendu, interdisons & deffendons à toutes nos Cours Souveraines, & toutes autres de n'en entreprendre Cour, Jurisdiction ou connoissance : Voulons les Jugemens & Arrêts qui seront donnez en notredite Chambre, & qui interviendront esdites matieres, être executez *nonobstant oppositions ou appellations quelconques, pour lesquelles ne voulons être differé, & si pour raison d'iceux Jugemens & Arrests l'on demandoit révision, sera jugée & décidée en notredite Chambre du Conseil, en laquelle toutes fois esdits cas y aura plus grand nombre de nos Conseillers de notredite Cour de Parlement de deux,* que ne seront nos Gens desdits Comptes. SI DONNONS EN MANDEMENT à nos Amez & feaux Conseillers les Gens de nosdits Comptes, que cette présente Déclaration ils fassent lire & enregistrer ès Regiltres de notredite Chambre, & le contenu d'icelle & desdits Edits y mentionnez, fassent garder & observer de point en point selon leur forme & teneur : CAR tel est notre plaisir; en témoin de ce Nous avons fait mettre notre scel à cesdites Présentes. DONNE' à Blois le dernier jour de Decembre mil cinq cens cinquante-un, & de notre Regne le cinquiéme. Signé par le Roi estant en son Conseil, DU THIER. Et scellé fur double queuë de cire jaune.

LETTRES PATENTES

DU ROI HENRI II.

Du 9 Novembre 1553.

HENRI par la grace de Dieu, Roi de France, aux Sénéchaux de Rennes & Foulgeres, & aux Gens tenans le Siege Présidial dudit Rennes. SALUT : Notre Procureur audit Foulgeres Nous a fait humblement remontrer, que du mariage de Pierre de la Marzelliere, Seigneur dudit lieu, & de feue Damoiselle Françoise de Porcon sa femme, soient issus certains enfans mineurs le bail & garde desquels pendant leur minorité Nous appartient suivant la Coûtume des lieux, suivant laquelle notredit Procureur avoit fait saisir & mettre en notre main les Fiefs & Terres nobles dépendans dudit Foulgeres, appartenans à ladite deffunte lors de son décès, pour d'iceux la jouissance Nous estre baillée suivant ladite Coûtume, fur lesquelles saisies se seroient mus plusieurs procez entre notredit Procureur d'une part, & ledit de la Marzellieres d'autre, en divers lieux, lesquels pour obvier aux frais, & à ce qu'il n'y intervint diversité de jugements, Nous aurions évoqué, & iceux renvoyez pardevant vous Sénéchal de Foulgeres, cuidant par ce moyen advancer lesdits procez, & y trouver quelque expédition de Justice; toutesfois depuis, tant à l'occasion des grandes suites & delays, exquis par ledit de la Marzellieres, que au moyen d'informes récusations par lui proposées contre ceux dudit Foulgeres, & d'autres poursuites par lui nouvellement suscitées pardevant autres, même en notredit Siege Présidial de Rennes, ou contre la teneur de nosdites Lettres d'évocation, & pour empêcher le cours dudit procez, auroit pris commission pour de nouveau introduire & relever certaines appellations qu'il dit avoir interjettées des saisies faites par les Officiers dudit Foulgeres, tellement que, tant à cause de ce, que au moyen desdites récusations ainsi par lui proposées contre ceux dudit Foulgeres, seroit impossible y pouvoir avoir aucune expédition de Justice. Pour ce est-il, que ne voulant notre droit, qui n'a lieu que pour le temps de la minorité desdits mineurs, par longueur de procez demourer illusoire & sans effet. POUR CES CAUSES, & autres considerations à ce Nous mouvans, de notre certaine science, pleine puissance & autorité Royale, Avons tous & chacuns lesdits procez, en quelque état & lieux qu'ils soient, leurs circonstances & dépendances, évoqué & évoquons à Nous, & iceux pour le soulagement des Parties, *& pour ce que question est de nos droits & Domaines de notredit Duché de Bretagne, qui se traitent ordinairement en notre Chambre des Comptes dudit Pays de Bretagne*, de nos science & autorité que dessus, Avons renvoyé & renvoyons pardevant nos Amez & feaulx Conseillers les Gens tenans notredite Chambre des Comptes dudit Pays de Bretagne, au quatriéme jour d'Avril prochain venant, pour l'instruction préalablement faite desdits procez, par notre Amé & féal Conseiller en notre Cour de Parlement, & Président de notredite Chambre des Comptes, Maistre François de Kminguy, & par lui iceux procez préalablement mis en état de juger, s'ils ne l'étoient, estre par vous estant au nombre de dix de vous, nosdits Gens des Comptes, ou de nos Conseillers de notredite Cour de Parlement, Juges de Nantes, ou Conseillers au Siege Présidial dudit Nantes, & au rapport dudit Kminguy, procedé au jugement & décision desdits procez & instances, tant à introduire, que ja introduites, la connoissance & décision desquelles, en quelque état, Cour & Jurisdiction qu'elles soient, leurs circonstances & dépendances, Nous avons commise & attribuée, commettons & attribuons par ces Présentes à notredite Chambre des Comptes, & à ceux qui par eux seront prins & appellez, l'instruction toutesfois toujours faite par ledit de Kminguy, pour en deffinir & juger en dernier ressort, & comme par Arrêt, voulons & nous plaît que les Jugemens & tout ce qui sera par eux fait ès-dits Procès & donné, soit de tel effet, que si fait & donné estoit par l'une de nos Cours Souveraines, & iceux Jugemens avons validés & & autorisés, validons & autorisons par cesdites Présentes; & vous interdisant & à tous autres Juges & Officiers quelconques toute Cour, Jurisdiction & connoissance desdits Procès, vous faisant deffenses de plus en connoître, ne prendre aucune Cour, Jurisdiction & connoissance, & auxdites Parties n'en faire ci-après pourſuites pardevant vous , ne ailleurs que en notredite Chambre des Comptes ; ſi voulons notredite Evocation eſtre ſignifiée par le premier notre Huiſſier ou Sergent ſur ce requis, que nous commettons quant à ce, auxquels Nous enjoignons icelles ſignifier auxdites Parties , & leur faire leſdites deffenſes ſur les peines que y appartiennent , & icelles , enſemble notre-dite Evocation leur ſignifier & leur aſſigner en notredite Chambre des Comptes ; de ce faire lui donnons pouvoir , ſans pour ce faire demander aucun Placet , *Viſa* ou *Pareatis*. DONNE' à Villiers-Coſtrés , le deuxiéme jour de Novembre l'an de grace mil cinq cent quarante-trois , & de notre Regne le ſixiéme , ainſi ſigné , par le Roy , Maiſtre JEHAN DAVAUSON , Maiſtre des Requeſtes de l'Hoſtel , préſent DU THIER , & ſcellé de cire jeaune , ſur ſimple queue.

LETTRES PATENTES
DU ROY HENRI II.

Du 2. Septembre 1545.

HENRY , par la grace de Dieu , Roy de France : A tous ceux qui ces préſentes Lettres verront , SALUT. Notre amé & feal Procureur Général en notre Chambre des Comptes de Bretagne , Nous a en notre Conſeil Privé remontré , comme par ci-devant , par nos Lettres Patentes du treiziéme jour de Fevrier mil cinq cent trente-ſept , Nous aurions attribué aux Gens de noſdits Comptes la cognoueſſance des foi & hommages , que ſont tenus nous faire nos Subgiets dudit Païs , excepté les Eveſques & Barons d'icelui , & de fournir par leſdits Subgiers en notredite Chambre leurs aveux , & deſnombremens des fiefs tenus , & mouvans de Nous ; & que ſuivant noſdites Lettres , aucuns ont obéi , & aultres remettent & tiennent les choſes en telle longueur , qu'il eſt bien requis , pour la conſervation de nos Droits & Domaine , y pourvoir promptement. Nous , à ces cauſes , avons dit , déclaré & ordonné , & par la teneur de ces Préſentes , de notre certaine ſcience , pleine puiſſance & autorité Royale , diſons , déclarons , voulons , ordonnons & nous plaît, *que les Gens de noſdits Comptes de Bretaigne , ſuivant le contenu en noſdites Lettres , ſe reiglent & gouvernent en la reception deſdits foi & hommaiges , aveux & dénombremens , en la forme & maniere ; & tout ainſi que font & accoutumé de faire , ceulx de la Chambre de nos Comptes à Paris ,* & par les mêmes contraintes. Si donnons en mandement , &c. à nos amés & feaulx les Gens de noſdits Comptes en Bretaigne , que nos préſentes Ordonnances , Déclaration & vouloir , ils faſſent lire , publier & enregiſtrer , entretenir , garder & obſerver , & à ce faire ſouffrir & obéir , contraignent , ou faſſent contraindre tous ceux qu'il appartiendra , & qui pour ce ſeront à contraindre , par toutes voyes & manieres dûes & raiſonnables, *nonobſtant oppoſitions ou appellions quelconques , pour leſquelles , & ſans préjudice d'icelles ne voulons être dif-*
feré,

feré, & quelconques Ordonnances, reſtrictions, Mandemens, deffenſes & Lettres à ce contraires : C A R tel eſt notre plaiſir, en témoing de ce , Nous avons fait mettre notre Scel à ceſdites Préſentes. D o n n e' à Saint Germain-en-Laye , le deuxiéme jour de Septembre l'an de grace mil cinq cent cinquante-cinq , & de notre Regne le neuviéme. Ainſi ſigné, par le Roy en ſon Conſeil , BURGENSIS , & ſcellé. *Lecta, publicata , & regiſtrata , in Camera Computorum Britanniæ , audito Procuratore Generali in eadem , hoc requirente , octava die Octobris. Anno Domini milleſimo quingenteſimo quinto.* Signé , D E L A T U L L A Y E.

L E T T R E S

D U R O Y H E N R I I I.

Du 2. Septembre 1555.

H E N R I, par la grace de Dieu , Roi de France : A tous ceux qui ces Préſentes verront : S A L U T. Combien que feu de bonne Mémoire le Duc Pierre de Bretaigne , & la Roynne Anne , notre Ayeule , que Dieu abſoille, pareillement Ducheſſe dudit Païs , euſſent ſucceſſivement fait pluſieurs Edits , Statuts, Ordonnances & Mandemens ſur le fait , Juriſdiction & augmentation de notre Domaine , d'icelui Païs , depuis confirmés par notre Ayeul le Roy Louis, auſſi que Dieu abſoille , & que leſdits Edits , Status, Ordonnances & Mandemens euſſent eſté par ci-devant bien & duement obſervés & gardés , ce néantmoins aulcuns Juges de notre-dit Païs, contrevenans à iceulx , auroient mis en grand deſordre ladite Juriſdiction de notredit Domaine & recouvrement de nos finances. Comme notre amé & féal Conſeiller , & premier Préſident en notre Chambre des Comptes audit Païs, ayant avecques lui notre Procureur Général en icelle, Nous a en notre Conſeil privé , fait remontrer, ſupplier & requerir , pour la conſervation de notredit Domaine y pourvoir. Sçavoir faiſons, que après avoir fait voir en notredit Conſeil , les remontrances de Noſdits Preſident & Procureur General, ſur ce ; enſemble l'extrait deſdits Edits , Statuts, Ordonnances, Mandemens & confirmation d'iceux , ci attachez ſous le Contreſcel de notre Chancellerie, avons dit & declaré ; & de notre certaine ſcience, pleine puiſſance & autorité Royale, diſons , declarons , voulons & nous plaît, que iceux Edits , Statuts , Ordonnances , Mandemens & confirmation , ci comme dit eſt , attachés , ſoient publiez , gardez & entretenus de point en point ſelon leur forme & teneur : & que nos Gens deſdits Comptes les puiſſent faire imprimer , afin que noſdits Juges, ne autres Subgiets dudit Païs y obéïſſent, & n'en puiſſent prétendre cauſe d'ignorance. Si donnons en Mandement auxdits Gens de nos Comptes que ces Preſentes ils faſſent lire , publier & enregiſtrer , & le contenu en icelles garder, obſerver & entretenir, & à ce faire & ſouffrir contraignent & faſſent contraindre leſdits Juges & tous

L

aultres qu'il appartiendra par les voyes & contraintes requifes & necef-
faires, *nonobſtant oppoſitions, ou appellations quelconques, pour leſquelles & ſans
préjudice d'icelles, ne voulons être differé*, dont fi auculnes fourdent, *avons
retenu & reſervé la Juriſdidiction & cognoueſſance à Nous & à notre Conſeil privé, & icelle interdite, deffendue, interdiſons & deffendons à notre Cour de
Parlement de Bretaigne*, & tous autres Juges quelconques, par ces Prefentes, qu'à ces fins voulons leur être prefentées, fi befoin eft, montrées
& fignifiées auxdites Parties qu'il appartiendra, par le premier de nos
Huiffiers ou Sergens fur ce requis, auquel nous mandons, & commettons
ainfi le faire, fans pour ce demander affiftance, Placet, *Viſa*, ou *Pareatis*.
C A R teleft notre plaifir, *nonobſtant l'érection de notredit Parlement de Bretaigne*. D O N N E' à Saint Germain en Laye le deuxiéme jour de Septembre
l'an de grace mil cinq cent cinquante-cinq, & de notre Regne le neuviéme. Ainfi figné fur le replis : Par le Roy en fon Confeil, BURGENSIS,
& fcellé en double queue de cire jaulne ; & plus bas eft écrit : *Lecta, publicata, & regiſtrata, in Camera Computorum Britanniæ, Procuratore Generali in eadem hoc requirente : die vigeſimâ octavâ Novembris anno Domini milleſimo quinquageſimo quinto.*

DECLARATION
DU ROI HENRI II.

Du 6. Avril 1559.

H ENRI, par la grace de Dieu, Roi de France : A nos amez &
feaux les Gens de nos Comptes en Bretagne, S A L U T & dilection. Comme pour avoir connoiffance des fiefs, Seigneuries & chofes nobles, qui
font tenues & mouvans de Nous, à caufe de notre Duché de Bretagne,
& des droits de bails, rachapts, fous-rachapts, ventes & loddes, & autres
droits & devoirs Seigneuriaux recelez, Nous euffions dès l'an 1537. veri-
fié ou befoin étoit, voulu & ordonné, que les Proprietaires & Poffeffeurs
defdits Fiefs, Seigneuries & tenemens nobles, mouvans de Nous, fuffent
tenus dans le tems limité par nos Ordonnances, Nous faire la foi &
hommages, & bailler leurs aveux & dénombremens defdites Terres &
Seigneuries en notredite Chambre des Comptes ; enfemble faire appa-
roire pardevant vous du payement defdits devoirs de bail, rachapt, fous-
rachapt, loddes & ventes, & autres droits Seigneuriaux qui nous étoient
& pouvoient eftre pour ce deubs & écheus, & écheent tous les jours ; &
à faute de ce faire, eftre procedé par faifie fous notre main efdits Fiefs
& Seigneuries, & autres contraintes portées par nofdits Edits ; toutefois
procedant contr'eux, & par les voyes deffufdites, les Gens de notre Cour
de Parlement intimident tellement quelquefois nos Receveurs & Officiers, enfemble les Commiffaires & Commis établis aufdites faifies, qu'ils
n'ofent paffer outre audit devoir de leurs Charges, & s'entremettre à pren-

dre & percevoir les fruits defdites chofes faifies , ou quand aucuns font
convenus pour lefdits payemens pardevant vous en ladite Chambre , au
lieu d'y proceder tendent à fin declinatoire, alleguant incompétence de
Juges, appellent & relevent en notredite Cour de Parlement , qui en
prend & retient la connoiffance ; les autres fe difent Poffeffeurs par an
& jour , & que par la difpofition de la Coutume, l'on ne peut proceder
par faifie , depuis que l'an eft paffé , ou Nous avoir perfonnellement fait
lefdits foi & hommages , & en devoir être crûs fans en faire autrement
apparoir ; de forte que par fucceffion de tems nofdits droits , dont Nous
devons jouir par notre main ; enfemble des fruits de male-foi à faute defdites redevances , fe pourroient perdre & alliener en autres mains
à notre grand préjudice & dommage , à quoi defirant pour voir ,
après avoir eu fur ce l'avis de notre Confeil privé , auquel avons fait
voir les Remontrances de notre Procureur Général de ladite Chambre.
Voulons , vous mandons & enjoignons par ces Préfentes , que à la
Requête de notredit Procureur , vous contraigniez ou faffiez contraindre tous
ceux qu'il vous fera apparoir eftre demeurez , & n'avoir fait pardevant vous
les foi & hommages , payés les rachaps , fous-rachaps , loddes , ventes , & droits
Seigneuriaux qui Nous font dûs & échus à caufe de leurs fiefs , Seigneuries &
tenemens nobles , & à ce fatisfaire , fournir & bailler en ladite Chambre les aveux
& denombremens , fuivant nofdits Edits , & ce dans ledit tems limité par nofdites
Ordonnances , & à faute d'y obéir , procedez , ou faites proceder par faifie , main
mife & établiffement de Commiffaires fous notre main de leurfdites , Terres &
Seigneuries , & chofes nobles ; & en cas d'oppofition , ladite Saifie tenant ,
faites proceder les Parties pardevant vous , faifant fur leur oppofition bonne &
brieve juftice ; la connoiffance , Jugemens & décifion defquelles , & differends qui
fe pourroient mouvoir , pour raifon de ce que deffus , entre notre Procureur &
autres Parties de quelque qualité qu'ils foient. Vous avons (néanmoins leurs fins
d'incompétence & autres exceptions déclinatoures qu'ils pourroient alléguer) com-
mis , attribué , commettons & attribuons par maniere de provifion , nonobftant
oppofitions ou appellations quelconques , faites , ou à faire , pour lefquelles , & fans
préjudice d'icelles (quant à ladite provifion) Ne voulons eftre différé ; & par-
ce que l'ouverture de notredite Chambre ne dure que fix mois , par diverfes féances , durant l'intermiffion defquelles , l'inftruction defdits différends demeureroit indécife. Voulons auffi que cependant vous ayez à
commettre & députer en icelle Chambre , tels de vos Réfidens en notre
Ville de Nantes , que verrez bon eftre , pour ladite inftruction jufqu'au
Jugement diffinitif exclufivement , pour le tout raporté pardevers vous
en ladite Chambre , eftre par maniere de provifion ordonné ce que de
raifon ; & de ce faire , vous avons , & à vofdits Commis & Députez ,
donné & donnons plein pouvoir , puiffance & autorité , commiffion &
mandement fpécial : CAR tel eft notre plaifir. DONNE' à Coucy-le-
Châtiau , le fixiéme jour d'Avril l'an de grace mil cinq cent cinquante-
neuf , après Pâques : Ainfi figné , par le Roy en fon Confeil , figné ,
ROBERTET , & fcellé. Leu & publié & enregiftré en ladite Chambre
des Comptes de Bretagne , fur la prefentation & requefte en faire par le
Procureur Général du Roy en icelle le feptiéme jour de Juin l'an mil cinq
cent cinquante-neuf, par collation faite par moy, figné DE LA TULLAYE.

LETTRES
DU ROI CHARLES IX.

Du 11. Janvier 1563.

CHARLES, par la grace de Dieu, Roi de France : A nos amez
& feaulx Confeillers, les Gens tenans notre Cour de Parlement de Bretagne : Salut & dilection. Les Députez de notre Chambre des Comptes audit
Païs, Nous ont, en notre Confeil privé, fait remontrer, *combien que*
fuivant les Edits & Ordonnances par nos Prédéceſſeurs & Nous faites, les
Ordonnances & Jugemens donnez par les Gens de noſdits Comptes audit Païs,
ſoient executoires, nonobſtant oppofitions ou appellations quelconques, & ſauf aux
Parties complaignantes, à eux pourvoir pardevant Nous, en notre privé Confeil,
ou par Requeſte en ladite Chambre, comme plus amplement eſt porté par
leſdits Edits & Ordonnances publiez & vérifiez, tant pardevant vous,
qu'en notredite Chambre; néanmoins plufieurs, fous le nom defquels ont
efté refufées quelques parties ès comptes d'aucuns Comptables dudit Païs,
fe feroient par cy-devant adreffez, & journellement adreffent pour la vali-
dation & allocation defdites Parties au Garde-fcel de notre Chancellerie
audit Païs, duquel fur leurs premieres provifions, dont encore que notredite Chambre les ait rayées, obtienent executoire contre leſdits Comptables, & pareillement lorfque aucun defdits Comptables fe retire pardevers Nous, pour obtenir provifions fur le debet par eulx dû, par la fin &
clôture de leurs comptes, ou autrement, & que par nos Lettres Patentes,
eſt feulement mandé auxdits Gens de nos Comptes, s'il leur apert
du dire des Parties, qu'ils ayent à furfeoir le payement dudit debet, ou autrement y pourvoir, ainfi que de raifon; leſdits Comptables néanmoins, *l'adreffe de leurfdites Lettre faite à ladite Chambre*
s'adreffent à vous, & fur la Requeſte qu'ils vous préfentent, ou
Lettres d'attache qu'ils obtiennent fur lefdites Lettres en la Chancellerie dudit Pays, *encore que de telles matieres ne puiſſiez connoître,* vous
avez paffé outre à la publication defdites Lettres, & icelles enterinans,
fait deffenfes à notre Procureur General en ladite Chambre, faire aucune
pourfuite contre lefdits Comptables, comme appert par la copie de l'Arrêt
cy-attaché fous notre Contrefcel, qui feroit un moyen à tous Comptables
de retenir nos deniers, & à vous d'entreprendre fur nos finances, chofe que
ne voulons fouffrir, ne tollerer, comme eſtant contraire aux Reglemens
par nous faits & donnez, tant fur le fait de nos finances, que jugemens
donnez pour iceux, Nous fuppliant humblement lefdits Députez, fur ce
déclairet nos vouloir & intention, Nous, A CES CAUSES, ayant eu fur ce
l'advis des Gens de notredit privé Confeil, Vous avons par déliberation
d'icelui, & pour autres caufes à ce nous mouvans, interdit & deffendu,
interdifons & deffendons par ces Préfentes, de non dorefnavant entre-

prendre

prendre aucune cognoissance sur nosdites finances, ne sur les Lettres émanées de Nous & de notre privé Conseil, qui seront adressantes seulement aux Gens de nos Comptes, sur peine de nullité de tout ce que par vous sera fait, dépens & interêts des Parties, interdisant & deffendant par semblable audit Garde-seel, d'expedier aucunes Lettres sur lesdites Lettres émanées de Nous, ne pareillement bailler aucunes Lettres d'executoire pour le fait de nos finances, gaiges d'Officiers, fondations, pensions, ne autres quelconques concernans nosdites finances, ains renvoyer le tout ausdits Gens de nosdits Comptes, pour pourvoir aux inconveniens, ainsi que de raison; & à ce qu'il puisse estre contrevenu à ce que dessus. Vous mandons proceder à la publication & verification de cesdites Présentes, par tout où besoin sera, sans y user d'aucune longueur ou dissimulation; CAR TEL EST NOTRE PLAISIR. Donné à Paris le onziéme jour de Janvier, l'an de grace mil cinq cens soixante-trois, & de notre Regne le quatriéme. Signé par le Roi en son Conseil, BURAULT. Et scellé.

E D I T

D U   R O I   C H A R L E S   IX.

Du mois de Février 1566.

CHARLES, par la grace de Dieu, Roi de France : A tous Présens & à venir, SALUT. Comme depuis notre heureux advenement à la Couronne, nos affaires n'auroient pas permis d'adviser & pourvoir aux fautes que nous avons connu être en notre justice & administration de nos finances, fors que maintenant que nous aurions fait une assemblée & convocation generale en notre Ville de Moulins de nos principaux Officiers, tant de nos Cours de Parlemens, que de notre Chambre des Comptes de Paris, pour adviser sur lesdits deux points qui sont les principaux nefs & fondemens de notre Etat, ce que Nous avons (graces à Dieu) mis à fin, avec meure déliberation & bon advis de toute ladite assemblée; si bien que si ce n'est l'extrême malice de nos Subjets, Nous n'esperons que de tels désordres puissent avenir; & d'autant que les deux premieres & principales Compagnies de cettuy notre Royaume, & lesquelles doivent servir d'exemple & lumiere à toutes les autres, sont notre Cour de Parlement & Chambre de nos Comptes à Paris, l'une pour le fait de notre justice, & l'autre pour le fait de nos finances, Nous les voulons maintenir en union, sans qu'à telles occasions, comme par le passé, puisse venir differends entr'elles, *qui la plupart du temps ne sont avenus, qu'à faute d'entendre les Edits & Reglemens de nos prédecesseurs Rois, & de Nous faits sur les appellations qu'on recevoit contre nos vouloirs & intention en notredite Cour de Parlement de nosdits Gens des Comptes,* pour raison desquelles, les Gens, tant de notre Cour, que de notredite Chambre, sont souventes fois venus vers Nous à grands frais & charges sur nos finances, *encore qu'il*

M

*y eût un Edit par notre Ayeul le feu Roi François en l'an 1520, qui pouvoit
affez empêcher lefdites appellations;* & d'autant auffi que par ledit Reglement & Edit de l'an 1520, il n'étoit pourvû aux caufes criminelles, qui
quelquefois peuvent intervenir en notredite Chambre, lefdites Compagnies font fouvent entrées en grande combuftion, & avoient obtenu de
Nous divers Edits. De maniere que fouventes fois avons efté contraints
pour obvier aux difficultés que faifoit notredite Cour de Parlement, de
bailler Commiffaires particuliers, pour juger aucuns procez criminels qui
avoient efté faits en notredite Chambre. Pour à quoi pourvoir, fçavoir
faifons, qu'après voir mis cette Affaire en déliberation en notredit Confeil privé, auquel étoient plufieurs Princes de notre Sang, & autres grands
& notables Perfonnages, enfemble les premiers Préfidens, tant de notredite Cour, que de notredite Chambre; & ouis nos Avocats en icelles
en leurs remontrances, avons par Edit perpetuel & irrévocable, voulu,
ftatué & ordonné, voulons, ftatuons & ordonnons.

I.

*Qu'en toutes matieres Civiles, de quelque nature qu'elles foient, n'y aura ap-
pel de nofdits Gens des Comptes,* foit pour raifon de ce qui eft jugé par eux
fur les Comptes de nos Officiers, ou fur les Lettres qui leur feront préfentées, foit chartres, légitimation, naturalitez, annobliffemens, gardes,
fous-âge, amortiffemens, lettres de don, *& generalement de toutes autres
Lettres, encore que la qualité d'icelles ne foit ci-fpecifiée,* & defquelles l'adreffe
fera faite par Nous & nos fucceffeurs Rois, à nofdits Gens des Comptes,
des vérifications, refus ou modifications faites fur lefdites Lettres, ni en
pourra avoir appel, & de quelque jugement, foit deffinitif ou interlocu-
toire donné par nofdits Gens des Comptes efdites matieres civiles, n'en
pourra être interjetté appel par nos Procureurs Generaux, ou autres de nos
Sujets. Ains ceux qui fe voudroient plaindre defdits Jugemens, fe pourvoiront par revifion en notre Chambre du Confeil, lez notredite Chambre
des Comptes.

I I.

Et où fur l'enterrinement ou vérification d'aucunes Lettres, qui feront
adreffées à nofdits Gens des Comptes, interviendroit oppofition, foit de
notre Procureur General, ou autre tierce partie, Nous voulons lefdites
oppofitions eftre jugées par nofdits Gens des Comptes, le plus diligemment & fommairement que faire fe pourra; *& fi lefdites oppofitions étoient
telles, qu'elles requiffent plus grande connoiffance de caufe, de forte qu'elles ne fe
puffent vuider fur le champ, ains fut la matiere tellement difposée, qu'il fallut
plus amplement ouir les Parties, & voir leurs titres & productions; Nous voulons néanmoins que lefdites caufes & oppofitions foient jugées par nofdits Gens des
Comptes, fans qu'il foit permis, ni licite d'en appeller;* fauf aux Parties de fe
pourvoir par révifion, fi bon leur femble.

I I I.

Et ou aucunes parties demanderoient à être renvoyées pardevant autres
Juges, prétendans nofdits Gens des Comptes eftre incompetans, Nous ne
voulons pareillement, ni entendons que dudit renvoi, ou du refus de
renvoyer, il puiffe avoir appel de nofdits Gens des Comptes, & s'il y a
plainte ou doleance, fe vuidera par révifion en ladite Chambre du Confeil.

I V.

Deffendons très-expreſſément aux Gens de notredite Cour de Parlement, qu'ils n'ayent à recevoir à l'avenir aucunes appellations de noſdits Gens des Comptes, & à nos Maitres des Requeſtes, tenans le ſceau de notre Chancellerie de Paris, de ne ſceller aucun relief d'appel de noſdits Gens des Comptes, *ſur peine de nullité, & de Nous en prendre à eux.*

V.

Voulons qu'au ſurplus notredit Edit de l'an 1520, demeure en ſa force & vertu.

V I.

Et quant aux Cauſes Criminelles qui pourroient intervenir en notredite Chambre des Comptes, & leſquelles il conviendra conduire extraordinairement par decret, interrogatoires, recollemens & confrontations, ou par contumace, ſera procedé par noſdits Gens des Comptes à l'inſtruction deſdits Procès juſqu'à torture excluſivement; & quand ſe viendra à prendre les concluſions deffinitives ou de torture, en ce cas nos Avocats & Procureurs Generaux, tant de notredite Cour de Parlement, que de notredite Chambre s'aſſembleront, pour d'un commun accord & avis prendre leſdites concluſions, & feront jugez leſdits procès, ſoit par le jugement deffinitif ou de torture en la Chambre du Conſeil lez notredite Chambre des Comptes en la même forme que ſe jugent les réviſions, à ſçavoir que le procès ſera apporté en ladite Chambre du Conſeil, où y aſſiſteront un Preſident de ladite Cour de Parlement, cinq Conſeillers d'icelle ou ſix au plus, & un Préſident de notredite Chambre, avec cinq Maiſtres des Comptes, ou ſix au plus, y préſidant celui de notredite Cour de Parlement avec un Greffier de notredite Cour, & un de notredite Chambre.

Si donnons en mandement, à nos Amez & feaux les Gens tenans notre Cour de Parlement & Chambre de nos Comptes, que notre préſent Edit, Statut & Ordonnance, ils faſſent lire, publier & enregiſtrer, garder & obſerver, maintenir de point en point ſelon ſa forme & teneur, nonobſtant tous autres Edits, ou Lettres que leſdits Gens de notredite Cour de Parlement pourroient avoir obtenues de Nous & de nos Prédéceſſeurs Roys au contraire, leſquelles Nous avons révoquées & révoquons, caſſons & annullons, *ſans que jamais on puiſſe révoquer en doute aucuns points contenus en notre préſent Edit & Reglement, & ſans que pour jamais ſoit licite à aucuns de nos Sujets d'interjetter appel de noſdits Gens des Comptes, ni à notredite Cour de Parlement d'en recevoir aucune appellation;* ains ſe pourvoiront leſdites Parties ſuivant notre préſent Edit & Reglement, & non autrement : Car tel est notre plaisir. Donne' à Moulins au mois de Fevrier, l'an mil cinq cens ſoixante-ſix, & de notre Regne le ſixiéme, ſigné ſur le repli par le Roy eſtant en ſon Conſeil, Robertet. *Viſa,* & ſcellé de cire verte ſur lacs de ſoye rouge & verte. Plus ſur ledit repli eſt écrit, lûes, publiées & regiſtrées, ce requerant le Procureur General de la Chambre des Comptes du Roy, notre Sire, le 27 Avril 1566. Signé Fromaget.

JUSSION AU PARLEMENT

D'ENREGISTRER LES PRECEDENTES LETTRES

Du 16. Février 1570.

CHARLES, par la grace de Dieu, Roi de France : A nos amez & feaux les Gens tenant notre Cour de Parlement en Bretaigne ; SALUT & dilection. Sur le refus que vous auriez fait de publier & vérifier nos Lettres Patentes du 11. Janvier 1563. cy fous notre contrefel attachées, fous prétexte des Remontrances que vous Nous voulez faire fur icelles ; vous ouis en vofdites Remontrances, avec les Gens nos Comptes, en notre Confeil privé, tenu à Chafteaubriand au mois d'Octobre 1565. Nous vous aurions ordonné vérifier lefdites Lettres, *ce que encore depuis par nos Lettres du premier jour de Juillet 1566. Nous vous aurions derechef enjoint*, toutefois les Députez de nofdits Comptes Nous ont en notre Confeil privé, fait entendre que notre Procureur Général en ladite Chambre, vous ayant préfenté nofdites Lettres, vous en avez encore differé la publication, *faifant pareille reftriction que celle que vous avez faites*, qui eft que vous Nous ferez Remontrances, *ce que Nous trouvons étrange ; veu que vous avez été ouys en vofdites Remontrances*, ce qui nous fait croire que c'eft un fimple refus couvert de ce prétexte : A CETTE CAUSE, attendu l'importance defdites Lettres pour notre fervice, & que vous avez été ouys en vofdites Remontrances, voulons, ordonnons & vous mandons, que toutes autres affaires ceffantes & poftpofées, & fans attendre autre plus ample juffion & commandement de Nous que ces Préfentes, vous procediez à la publication & verification de nofdites Lettres purement & fimplement felon leur forme & teneur, ainfi qu'il vous eft mandé par icelles, nonobftant vofdits refus, & quelconques autres difficultez que pourriez faire à ce regard, que Nous tenons pour toutes faites & entendues : CAR tel eft notre plaifir. DONNE' à Angers le feiziéme jour de Février l'an de grace mil cinq foixante-dix, & de notre regne le dixiéme, figné par le Roy en fon Confeil, DUBOIS, & fcellé.

ARREST

DU CONSEIL

Du 20. Septembre 1572.

VEU par le Roy en fon Confeil, les Lettres Patentes données à Paris le 11. Janvier 1563. obtenues par les Gens des Comptes ; les Lettres

de

de juffion à ladite Cour du Parlement du premier Juillet 1566. pour proceder à la vérification defdites premieres Lettres ; les Remontrances par écrit de ladite Cour de Parlement du 28. Avril dernier, envoyées & préfentées par les Députés d'icelle ; les Lettres Patentes & Reglemens donnez à Blois au mois de Décembre 1520. fur les differends entre la Cour de Parlement & la Chambre des Comptes à Paris, après que les Délegués d'un côté & d'autre furent ouys au Confeil du feu Roy François premier ; les Lettres auffi Patentes du feu Roy Louis XII. du 18. Juin 1501. & autres du mois de Septembre 1513. de confirmation defdites Lettres en forme d'Ordonnance de la Reine Anne, Ducheffe de Bretagne, fur le fait des finances, connoiffance & jurifdiction des Gens des Comptes ; autres Lettres dudit défunt Roy François I. du 13. Février 1537. 18. Décembre 1538. & 27. Janvier 1539. Lettres du Roy Henri II. du 29. Août 1550. & tout ce qui a efté refpectivement mis pardevers les Commiffaires à ce députés. LE ROI EN SON CONSEIL, pour regler lefdites Cours de Parlement & Chambre des Comptes de Bretaigne en leurs differends, jurifdiction & connoiffance, a ordonné & ordonne, que les Requêtes & plaintes ja faites & indécifes, & qui feront par cy-après faites par les Parties, des Jugemens donnez, ou qui fe donneront par ladite Chambre des Comptes, en matiere de ligne de comptes ou clôture d'iceux, rendus par les Officiers Comptables, ou par ceux qui auront été commis par le Roy, ou de fon autorité, au maniement des finances, les veuves, heritiers ou cautions des Comptables, feront jugez par revifion au nombre de dix, dont les cinq feront nommez & deputez par ladite Cour de Parlement, & les cinq autres de la part de ladite Chambre, lefquels s'affembleront en celle des Chambres des Comptes où l'on a accoutumé juger les revifions ; & afin que le fervice ordinaire ne foit difcontinué, ne pourront les Prefidens & Confeillers qui feront nommez par ladite Cour de Parlement, deffemparer leurs féances, jufqu'après icelles, & feront tenus, ceux qui auront été nommez & deputez pour le Jugement de revifion defdites Requêtes & plaintes, fe tranfporter & rendre à Nantes, où ladite Chambre des Comptes eft érablie, dans le tems qu'il fera advifé entre eux & les Deleguez de ladite Chambre.

Connoiftront lefdites Gens des Comptes, des differends qui interviendront incidemment à la reddition & clôture des Comptes, à caufe des pactions & connivences faites par les Comptables, ou leurs Commis, avec ceux qui auront été affignés fur eux, & en premiere inftance des differends entre les Comptables & leurs Clercs & Commis, pour raifon de leurs Comptes & maniement de leurs Charges, & où il y aura appel des Sentences ou Jugemens defdites Gens des Comptes, l'appel reffortira & fera jugé en ladite Cour de Parlement, à laquelle le Roy *deffend de recevoir aucuns Appellans des Sentences & Jugemens qui auront efté donnés par lefdites Gens des Comptes, fors ès cas ci deffus ; auffi d'élargir les Officiers* Comptables, & autres qui auront compté en ladite Chambre, & efté conftituez prifonniers de l'Ordonnance d'icelle, pour raifon de leurs Charges, leur bailler furceance ou délay de payer, ni main-levée de leurs biens ou de leurs cautions faifis pour le débet ou refte de compte, à peine de nullité de toute procedure & Jugement qui auroit été ou feroit donné

N

au contraire , fauf & refervé aux Parties de fe pourvoir par la voye de
revifion contre les Jugemens qui auront efté donnez par ladite Chambre , lefquels néantmoins feront cependant exécutez *nonobftant oppofitions
ou appellations quelconques :* Ne pourront lefdites Gens des Comptes prendre
aucune connoiffance du fait du Domaine & de ce qui en dépend , finon
incidemment à la reddition des Comptes , pour charger lefdits Comptables de faire recette des deniers , grains ou autres efpeces , dont ils
auroient fait obmiffion de recette , fans entreprendre aucune Jurifdiction , de l'ufurpation qu'on pourroit pretendre de la proprieté dudit Domaine , dont la connoiffance en premiere inftance eft attribuée & appartient aux Sénechaux , ou à leurs Lieutenans Royaux , & par appel à ladite Cour de Parlement ; laquelle auffi connoiftra des executions & faifies
qui feront faites en vertu des Jugemens defdites Gens des Comptes fur
les biens des Comptables , leurs veuves & heritiers , & des oppofitions &
criées qui interviendront , pour après proceder par ladite Cour à l'adju-
dication d'iceux biens , à la diligence & pourfuite du Procureur General du
Roy , dont Sa Majefté le charge très-expreffément ; & fera le préfent Arrêt & Reglement lû & publié efdites Cours de Parlement & Chambre
des Comptes de Bretagne , & après enregiftré au Greffe d'icelles , pour
le contenu en icelui eftre inviolablement gardé & obfervé. F A I T au
Confeil tenu à Paris le vingtiéme jour de Septembre l'an mil cinq cent
foixante-douze , ainfi figné POTIER.

L E T T R E S
DU ROY HENRI III.

Du dernier jour de May 1575.

HENRI , par la grace de Dieu , Roy de France & de Pologne : A
nos amez & feaux les Gens de nos Comptes en Bretagne ; S A L U T. Comme ainfi foit , que fur le differend qui eftoit entre vous & notre Cour
de Parlement dudit Païs , fur la connoiffance & Jurifdiction de ce qui dépend de notre Domaine dudit Païs ; & ouys les Deputez de notredite
Cour , ait efté ordonné en notre Confeil privé le . . . . dernier paffé , que
l'Arreft de Reglement donné à notredit Confeil le 20. Septembre 1572.
tiendroit , pour le contenu en icelui eftre gardé , obfervé & fuivi ; *&*
néantmoins que quant à la vifitation des Maifons à Nous appartenans , & refor-
mation des fiefs & Domaines , Nous entendons qu'il y foit par vous procedé ;
fçavoir faifons , que Nous dûment avertis , qu'il eft neceffaire pour le
bien , profit & utilité de nos affaires & fervice , de proceder à la reformation de nofdits fiefs & Domaine : vous mandons & enjoignons par ces
Prefentes , & à ceux de votre Compagnie qui feront par vous nommez ,
commis & deputez pour cet effet , vous ayez à vifiter nos Châteaux &
Maifons étant en notredit Païs de Bretagne , pour les faire reparer , fi la

neceſſité le requiert, & *proceder à la reformation de noſdits fiefs & Domaine
audit Païs*, pour le remettre en ſon ancien & priſtin état, ainſi que verrez
& jugerez être neceſſaire, dont leſdits Commiſſaires feront leurs Procez-
verbaux, pour être mis en notredite Chambre des Comptes dudit Païs,
& y ſervir quand beſoin feroit ; & de ce faire vous avons donné & donnons pouvoir, autorité, commiſſion & mandement ſpécial par ces Preſentes ; mandons & commandons à tous nos Juſticiers, Officiers & Sujets,
à vous & à ceux qui feront par vous commis à cet effet, obéir ; CAR tel eſt
notre plaiſir, *nonobſtant oppoſitions ou appellations quelconques*, pour leſquelles
ne voulons être differé par vous. DONNE' à Paris le dernier jour de May
l'an de grace mil cinq cent ſoixante-quinze, & de notre Regne le deuxiéme. Ainſi ſigné ; par le Roy en ſon Conſeil, ALMERAS, & ſcellées
de cire jeaune. Lûes, publiées & enregiſtrées ; ouy, & le conſentant le
Procureur Général du Roy. FAIT en la Chambre des Comptes à Nantes,
le vingt-deuxiéme Novembre l'an mil cinq cent ſoixante-quinze, ſigné,
VALDAIS.

DECLARATION
DU ROI,

*PORTANT Reglement entre la Cour de Parlement & Chambre des
Comptes de Bretagne.*

Du 5. Août 1583.

HENRI, par la grace de Dieu, Roy de France & de Pologne : A
tous ceux qui ces préſentes Lettres verront ; SALUT, &c. Sçavoir faiſons,
que deſirant pourvoir à ce que notredite Cour de Parlement & Chambre de
nos Comptes n'entrent plus en tels differends & entrepriſes les uns contre
les autres, dont ne ſe peut en ſuivre que préjudice à notredit ſervice & au
Public, avons par l'avis de notredit Conſeil dit, déclaré & ordonné, diſons, déclarons & ordonnons, voulons & Nous plaît ce qui en ſuit ;

Premierement, que toutes plaintes & doleances jà faites & indeciſes, &
qui ſe feront à l'avenir pour raiſon des appointemens, Jugemens & Ordonnances deſdits Gens des Comptes, ſur ligne de compte, ou de clôture d'icelui, des appellez & condamnez à compter, ſoit Comptables
ordinaires Miſeurs des Villes, Treſoriers des Etats, Fermiers, Sous-Fer-
miere, & autres manians deniers levez ſur le Peuple, par permiſſion &
octroy de Nous, pour employer en affaires, œuvres publiques, & pour
quelque autre effet que ce ſoit, enſemble des decrets & executoires de-
cernez par leſdites Gens des Comptes, procedans des parties rayées aux
Comptes ; auſſi de celles qui interviendront ſur la modification, refus ou
délai de verification des Chartres & Lettres qui s'adreſſeront à ladite
Chambre, attendu qu'il n'y a nombre de Maiſtres ordinaires de Robbe
longue, ſeront jugez en ladite Chambre des Comptes, par reviſion en

la Chambre du Conseil, & que à cette fin ils feront deputez de la part de notredite Cour de Parlement, le nombre de cinq, pareil nombre de notredite Chambre des Comptes, & néantmoins feront lefdits Jugemens executés par provifion, tant audit Païs de Bretaigne, que par tout notre Royaume & terres de notredite obéïffance, fans demander congé, Placet, *Vifa*, ni *Pareatis*, faifant inhibition & deffenfes à notredite Cour de Parlement, & à tous autres Juges d'en connoiftre en quelque forte & maniere que ce foit, & d'empêcher l'execution des Jugemens defdits Gens des Comptes ; enfemble des Ordonnances & decrets des Treforiers Generaux de France pour le fait des finances, fur peine de nullité ; pareillement voulons, ordonnons & Nous plaît que lefdites Gens de nos Comptes ayent la conoiffance & Jugement des fallitez, fouftractions d'acquits qui feront rendus fur les Comptes, tout ainfi que de la ligne de Compte, & que en cas de revifion ils fe puiffent affembler, tant ceux de notre-dite Cour, que Chambre, au nombre & ainfi que deffus eft dit ; & pour le regard des procez & differends qui interviendront entre les Clercs & Commis, Heritiers & Bientenans, Pleiges & Cautions & Certificateurs defdits Comptables, Fermiers & Sousfermiers, & autres à ce fujet, pour raifon de leur recepte, charges, fermes, miferies & commiffions, receptes d'Aydes, augmentations de debvoirs, fubventions ; enfemble des caufes meues & qui pourroient fe mouvoir à raifon des feux, fouaiges mal taxez, furchargez & induement fuportez : comme auffi des impôts & billots, & aultres chofes en dépendantes, feront jugées par nos Juges ordinaires fur les lieux en premiere inftance, & par appel reffortiront en notredite Chambre des Comptes pour y être jugez fouverainement : & à cette fin, voulons & entendons que notredite Chambre des Comptes de Bretaigne, foit appellée & qualifiée, Chambre des Comptes & Cour de nos Aydes & Finances dudit Païs.

Item. Voulons & ordonnons, que les aveux & dénombremens qui font & feront portez en notredite Chambre des Comptes, foient impunis & verifiez par nos Officiers en icelle fur les anciens adveux & minus, comptes de nos receptes ordinaires, reformations & autres titres qui y font : auffi pour la confervation de nos droits de Regales audit Païs : entendons & ordonnons que tous Oeconomes qui feront par Nous ordonnez au regime & gouvernement des fruits des benefices tombez en Regale, avant de s'immifcer à la perception des fruits feront tenus d'apporter leurs Lettres d'Oeconomat en notre Chambre, pour en compter en icelle : & deffendons à notredite Cour de Parlement, & tous autres Juges de recevoir ou authorifer aucunes Lettres Patentes d'Oeconomats autrement, ains voulons qu'ils ayent à les renvoyer en notredite Chambre, à laquelle Nous avons attribué & attribuons toute connoiffance, & icelle interdifons à tous autres Juges : & pour le regard de la connoiffance & Jurifdiction en dernier reffort, de l'ufurpation & proprieté de nos fiefs & Domaine, Nous avons refervé & refervons à y pourvoir cy après par les moyens que Nous trouverons plus propres pour la confervation de nos droits : *enjoignons cependant à nofdits Gens des Comptes, de proceder à la reformation de nofdits fiefs & Domaine, ainfi qu'il a été ordonné en l'an 1575. & de tenir la main &* avoir l'œil, tellement qu'il n'en foit fait aucun divertiffement & demembrement

brement , fur peine de nous en prendre à eux : Voulons auffi & ordonnons que les doleances & plaintes qui feront formées par aucuns des Préfidens , Maîtres des Comptes , Auditeurs & Greffiers , & autres Officiers de
ladite Chambre de la Correction & amende , fufpenfion , privation de
leurs Offices , efquelles ils feroient condamnés par ladite Chambre pour
avoir delinqué en l'adminiftration de leurs Offices , tant pour défobeiffan-
ce , que autres malverfations , ou pour ne garder nos Ordonnances , ou
refus ou délai de les inftituer aufdits Offices ; lefdites matieres fe vuideront
fouverainement par ladite Chambre au nombre de douze , tant Préfidens
que Maîtres , non fufpects , inhibant & défendant à notredit Cour de Par-
ment d'entreprendre aucune Cour ou Jurifdiction fur les Préfidens , Maîtres & Auditeurs , Advocat & Procureur Generaux , & autres Officiers de
de ladite Chambre , pour raifon des affaires concernans l'exercice de leurs
Eftats & Offices. *Voulons auffi que nos Advocat & Procureur en notredite Chambre , foient appellez & nommez nos Advocat & Procureur Generaux ; & les Jugemens de notredite Chambre , Arrefts , &c. faifons inhibitions & défenfes au
Garde-Scel de notre Chancellerie audit Pays , de fceller , ni délivrer aucunes Lettres de relief d'appel des chofes contenues aux Articles ci-deffus , fur peine de radiation de fes gages , & autres qui écheront: SI DONNONS EN MANDEMENT , &c.*
DONNE' à Paris le cinquiéme jour d'Aouft 1581. & de notre Regne le huitiéme , ainfi figné par le Roy eftant en fon Confeil, Brulart , & fcellé de
Cire jaune fur double queuë.

Enregiftrée au premier Livre des Edits , fol. 210. vº.

REGLEMENT

DU CONSEIL

ENTRE les Cour de Parlement & Chambre des Comptes de Bretagne.

Du 18. Aouft 1582.

HENRY par la grace de Dieu , Roy de France & de Pologne. A
tous ceux qui ces préfentes Lettres verront ; SALUT , fçavoir faifons , que
defirant mettre fin aux differends qui fe feroient ci-devant meus & pourroient mouvoir , par ci-après entre les Gens de notredite Cour de Parlement & Chambre des Comptes , pour raifon des chofes fufdites , & fi bien
regler leurs Jurifdictions , que ci-après ils n'entreprennent l'un fur l'autre ,
ains vivent en bonne union & intelligence , comme il eft très-néceffaire
pour le bien de notre fervice & repos de nos Sujets : avons par l'advis de
notredit Confeil , de notre certaine fcience , pleine puiffance & authorité
Royale , dit , ftatué & ordonné , difons , ftatuons & ordonnons le Réglement qui enfuit.

O

Qu'il fera compté en notredite Chambre des Comptes de tous deniers tant ordinaires qu'extraordinaires, levés en notredit Pays, pour notre authorité, permiffion & commiffion, pour quelque occafion que ce foit, fors & excepté des deniers levés pour les particulieres affaires des Etats, dont les comptes feront rendus en la maniere accoutumée.

II. Quant aux deniers d'Octroy, les comptes dont la recepte n'excedera la fomme de cinq cens livres, feront rendus pardevant les Députez des Villes & Juges ordinaires, autres que ceux qui en autont ordonné, fans aucun falaire, pour le regard defdits oyans comptes; & à la charge que lefd. comptes eftans examinez & clos, feront rapportez en notredite Chambre des Comptes, dans fix mois après l'audition d'iceux; & pour le regard des comptes dont la recette excedera ladite fomme de cinq cens livres, feront rendus en notredite Chambre.

III. Et quant aux deniers des Fabriques, & autres qui pourroient être levez pour la réparation, ameublement, & autres affaires des Paroiffes, n'en fera aucunement compté en notredite Chambre.

IV. Que les Economes & Commiffaires qui feront par Nous établis pour les droits & fruits de Regale, durant l'ouverture d'icelle, aux Evêchez & Benefices dudit Pays, fujets audit droit de Regale, feront tenus avant qu'entrer en la jouiffance & perception defdits fruits; d'apporter leurs Lettre d'œconomat en notredite Chambre pour en compter en icelle : défendons à notredite Cour de Parlement, & à tous autres Juges de recevoir aucunes Lettres Patentes d'œconomat, ni ordonner aucune chofe par vertu d'icelles, que premierement elles n'ayent été prefentées en notredite Chambre, & fignifiées au Receveur de notre Domaine des lieux.

V. Et où il interviendra procès & differend pour la perception & jouiffance des fruits de ladite Regale, la pourfuite s'en fera devant les Juges ordinaires, & par appel en notredite Cour.

VI. Le Jugement des Procès qui interviendront incidemment, pour raifon des pactions & contre-lettres faites par les Comptables ou leurs Commis, avec ceux qui auront efté affignez fur eux, appartiendra aufdits Gens des comptes, avec faculté à ceux qui fe plaindront defdits jugemens, de fe pourvoir par la voye de révifion.

VII. Et ne pourront lefdits Gens des comptes prendre connoiffance des differens qui interviendront entre les Comptables, leurs Clercs & Commis, lefquels fe pourvoiront pardevant les Juges ordinaires.

VIII. Et quant aux caufes & inftances ja meues, & qui fe pourroient mouvoir pour la perception de nos droits, foient rentes, cenfives, lefdits Gens des comptes, en jugeant les comptes, chargeront les Comptables de faire la pourfuite & diligence pardevant les Juges des lieux, aufquels la connoiffance en appartient, & par appel en notredite Cour.

IX. Et pour le regard des caufes qui fe pourroient auffi mouvoir pour les furtaxes & fouages, & pour les impôts & billots, & autres chofes qui en dépendent, la connoiffance en appartiendra aux Juges ordinaires, & par appel à notredite Cour.

X. Les contraintes, executoires, & autres exploits nécessaires pour le recouvrement des deniers de nos Finances, à l'encontre des Récepteurs comptables, Fermiers, leurs pleiges, cautions & heritiers, bientenans & ayans cause, se feront de l'ordonnance & commission de notredite Chambre.

X I. Et où sur lesdites saisies interviendroit opposition pour la conservation du droit des Particuliers, en ce cas-là la cognoissance en appartiendra aux Juges ordinaires : Et ne feront lesdits Gens des comptes aucuns baux à ferme desdits biens saisis sur lesdits Comptables, & autres ci-dessus : N'entreprendront aussi la connoissance des criées, & ne cognoîtront des oppositions qui interviendront sur icelles, mais demeurera ladite connoissance ausdits Juges ordinaires, & par appel à notredite Cour.

X I I. Que les Juges ordinaires, & notredite Cour de Parlement ne pourront élargir les Prisonniers, Comptables, Redevables, condamnez à compter, leurs pleiges, cautions, & autres à ce sujets, ni leur bailler main-levée de leurs biens saisis, ni surseance de payement, sur peine ausdits Juges ordinaires de répondre en leurs Prives noms, de la perte que nous y aurions.

X I I I. Les plaintes & doleances ja faites & indecises, & qui se feront à l'advenir par les Comptables appeliez & condamnez à compter pour raison des Arrests, Ordonnances, appointemens & jugemens qui feront donnez par nosdits Gens des comptes, soit en ligne de compte, closture d'icelui, & de ce qui en dépend, ou des decrets & executoires décernez par notredite Chambre, procedant des Parties rayées aux comptes, seront vuidées par revision en notredite Chambre du Conseil, lez celle desdits comptes par cinq qui feront députez par notredite Cour de Parlement, & pareil nombre de notredite Chambre des Comptes : Et feront les Arrests sur ce donnez en notredite Chambre du Conseil, enregistrez par le Greffier, tant de notredite Cour de Parlement, que Chambre des Comptes.

X I V. Seront néanmoins les Jugemens donnez par notredite Chambre pour les choses susdites executées par provision, tant audit Païs de Bretagne, que par tout ailleurs en ce Royaume, sans demander Placet, *Visa*, ni *Pareatis*, avec deffenses à notredite Cour, & tous autres Juges, d'empêcher en quelque chose que ce soit l'execution desdits Arrêts, Jugemens & Ordonnances, ni pareillement des Ordonnances & Decrets des Tréforiers Generaux de France, pour le fait de nos finances, sur peine de nullité.

X V. Que toutes les Lettres de Chartres feront verifiées en notredite Cour de Parlement & Chambre des Comptes, fors celles qui concernent dons de deniers, pensions, rabais, & autres qui feront purement & simplement de finances, dont l'adresse se fera, & la connoissance en appartiendra seulement à notredite Chambre, comme aussi la taxe de la finance des Lettres d'annoblissement, naturalité & légitimation.

X V I. Tous les adveux & denombremens de nos Vassaux feront presentez en notredite Chambre, laquelle les renvoira aux Juges ordinaires des lieux pour estre debatus, blâmez & impunis dans six mois au plûtard, sur les peines de l'Ordonnance, à la poursuite & diligence de nos Procureurs esdites Jurisdictions, & lesquels adveux estant reçûs & approuvez par lesdits Officiers , seront rendus par nos Vassaux en notre Chambre, laquelle néantmoins les pourra verifier sur les anciens adveux , s'il y échet , sans toutesfois trait de procès , dont s'il advenoit plainte & doleance , seront tenus de les renvoyer en notredite Cour de Parlement.

XVII. *Et pour le regard de la reformation prétendue par lesdits Gens des Comptes de notre Domaine dudit Pays , ils y procederont comme ils ont accoutumé;* sans toutesfois prendre connoissance des procès & differends qui interviendront pour la proprieté & usurpation dudit Domaine , mais seulement ce qui revient à Nous des fruits , rentes & devoirs , pour en faire tenir compte en icelle , laquelle Jurisdiction concernant la proprieté dudit Domaine , appartiendra aux Juges ordinaires en premiere instance , & par appel à notredite Cour de Parlement.

XVIII. *Ordonnons néanmoins à notredite Chambre de tenir la main à la confection des papiers terriers , & reconnoissance des debvoirs à Nous deubs.*

XIX. Aura notredite Chambre la totale & entiere connoissance en ce qui concernera la correction & discipline sur tous les Officiers d'icelle , pour le fait de l'exercice de leurs offices & de l'obéissance qu'ils doivent à notredite Chambre , privativement à tous autres Juges , sans qu'il soit loisible auxdits Officiers d'en appeller en notredite Cour de Parlement , à laquelle & à tous autres Juges avons interdit & interdisons d'en connoître aucunement , & auxdits Officiers d'en faire poursuite en icelle , ni ailleurs , sur peine de suspension de leurs états : Et neantmoins où il y auroit plainte & doleance desdits Jugemens , seront icelles plaintes jugées & vuidées par revision en notredite Chambre du Conseil : Et toutesfois esdits cas y aura plus grand nombre de Conseillers de notredite Cour de deux , que ne seront lesdits Gens des Comptes , suivant le reglement pour ce fait entre notredite Cour de Parlement & Chambre des Comptes de Paris au mois de Decembre 1510.

XX. Pour le regard des falsitez , substractions d'acquits , abus & autres malversations qui pourroient estre commises par les Comptables , & autres qui sont justiciables à notredite Chambre , en useront en la méme forme & maniere qui s'observe entre notredite Cour de Parlement & Chambre des Comptes de Paris , par les reglemens derniers faits.

XXI. Nos Advocats , Procureurs en notredite Chambre , seront nommez & intitulez Advocats & Procureurs Generaux en notredite Chambre , & les Jugemens donnez par icelle sur ligne de compte , *& autres cas dessusdits ,* seront dits & appellez Arréts.

XXII. Et pour le regard de la presceance , rang & ordre que ceux de notredite Chambre doivent tenir ès Processions & Assemblées generales & particulieres , sera suivi & gardé le Reglement qui s'observe en notredite Cour de Parlement & Chambre des Comptes de Paris.

XXIII. Et où doresnavant interviendroit quelque differend entre lesdits Officiers de notredite Cour de Parlement & Chambre des Comptes , s'assembleront les Presidens , nos Avocats & Procureurs Generaux desdites Cour & Chambre des Comptes , pour traiter à la composition d'icelui : Et où ils ne pourroient s'en accorder , se pourvoiront pardevers Nous , sans par cy-aprés entreprendre aucune chose les uns sur les autres.

XXIV. Deffendans au Garde des scels de notre Chancellerie de Bretagne ,

Bretagne , d'expedier aucun relief d'appel des jugemens defd'ts Comptes , sur peine de radiation de ses gages.

X X V. Pareillement faisons inhibitions & deffenses à tous Huissiers & Sergens de faire , ni signifier aucun Exploit aux Officiers de notredite Chambre au dedans du pourpris d'icelle , ni eux estant assemblez en corps, ains de s'adresser à nos Avocat & Procureur Generaux , pour les choses concernant le corps de notre Chambre , & aux Particuliers en leurs maisons, sur peine de prison.

X X V I. Avons aussi ordonné & ordonnons , que les Huissiers de notredite Chambre executeront tous Exploits de justice , par tous les Lieux & endroits de notredit Pays de Bretagne , avec pareil pouvoir d'executer comme les Huissiers de notredite Chambre des Comptes de Paris.

X X V I I. Deffendons auxdits Gens des Comptes de prendre connoissance d'autre chose que de ce qui est contenu cy-dessus , ni s'attribuer qualité de Cour des Aydes , & Chambre de notredit Domaine.

SI DONNONS EN MANDEMENT , &c. Donné à Saint Maur-lez-Fossez , le dix-huitiéme jour d'Aoust, l'an de grace mil cinq cens quatre vingt-deux , & de notre Regne le neuviesme, signé par le Roi en son Conseil POTIER Et scellé de cire jaune sur simple queuë.

A R R E S T

DU CONSEIL D'ESTAT DU ROY.

Du 17 Février 1603.

EXTRAIT DES REGISTRES DU CONSEIL D'ESTAT.

SUR la Requeste présentée au Roy en son Conseil , par Maître Pierre Bernard , Procureur General en la Chambre des Comptes de Bretagne , par laquelle il a remontré , que dès longtems la recette des deniers provenans de la vente des Bois faite en la Province , ne s'est pû connoitre au vrai, non plus que celle des amendes & confiscations jugées par le Juges des Eaux & Forêts d'icelle Province, dont il y a plusieurs comptes à rendre en ladite Chambre de sommes notables, que les Receveurs, Personnes incognuës retiennent en leurs mains , & les appliquent à leur profit particulier, contre les Ordonnances, par l'intelligence , ou connivence desdits Officiers , qui ne rendent en icelle Chambre les Procez verbaux des ventes , ni des chevauchées & visites qu'ils font ou doivent faire sur lesdites Eaux & Forêts ; & outre qu'il s'est commis plusieurs autres abus , en ce qui concerne cette portion du Domaine de Sa Majesté , esdites Eaux & Forêts , au préjudice de son service , ce qui auroit meu ladite Chambre de décerner sa Commission à deux Officiers & Conseillers d'icelle ; & pour autres causes y particulierement contenues , à l'exécution de laquelle les Commissaires auroient commencé de proceder ; sur quoy les Officiers desP

dit:s Eaux & Forêts se seroient pourvûs audit Conseil, auquel sans avoir
fait appeller ladite Chambre, & sans avoir esté ouïe, ils auroient obtenu
Arrest le vingtiéme jour d'Aoust mil six cent deux, par lequel les procedures desdits Commissaires, auroient esté déclarées nulles; & deffenses à
eux de passer outre à l'execution de ladite Commission, & à ladite Chambre, de plus décerner telles Commissions, & de se mesler du fait des Eaux
& Forêts, requerant ledit Procureur General (attendu que la connoissance des Finances & du Domaine, dont les Eaux & Forêts font portion, &
de ce qui generalement en dépend, appartient à ladite Chambre, & que
son principal établissement est pour la conservation dudit Domaine) qu'il
plût à Sa Majesté maintenir ladite Chambre des Comptes en son pouvoir,
autorité & jurisdiction attribuée de tous tems sur ledit Domaine, dont les
Eaux & Forêts font portion; & ce faisant qu'elle en prendra connoissance, nonobstant ledit Arrest, & comme elle eût pû faire avant icelui. VEU
ledit Arrest du vingtiéme jour d'Aoust mil six cent deux. LE ROY ESTANT
EN SON CONSEIL, a ordonné & ordonne, que ladite Chambre des Comptes de Bretagne sera maintenue en ses droits, pouvoirs, autorités & jurisdictions qui lui font de tous tems attribuez, par les Ordonnances anciennes & modernes, sur les Finances & Domaine de Sadite Majesté, duquel
lesdites Eaux & Forêts font portion & en ce faisant, qu'elle connoîtra des
choses susdites, & de ce qui en dépend, suivant lesdites Ordonnances &
Réglemens sur ce fait. Fait au Conseil d'Estat du Roy, tenu à Paris le
vingt-septiéme jour de Février mil sept cent trente-trois. *Signé*, LHUILLIER.

EXTRAIT

DU REGLEMENT,

ENTRE le Parlement & la Chambre des Comptes de Bretagne.

Du 28. Septembre 1625.

ARTICLE VIII.

ENJOINT Sa Majesté aux Baillifs, Sénéchaux & autres Juges, &
à ses Procureurs des Jurisdictions ordinaires, Greffiers, Huissiers, Sergens
& autres Ministres de Justice, d'executer ou tenir la main à l'execution
des Arrests donnés en ladite Chambre, ainsi qu'il leur sera ordonné par
icelle, à peine de radiation de leurs gages, & autres, s'il y échet.

ARREST

DU CONSEIL PRIVE' DU ROY.

Du 8. Février 1653.

SUR la Requeste présentée au Roy en son Conseil par le Procureur General de Sa Majesté en la Chambre des Comptes de Bretagne ; CONTENANT que les Députez par ladite Chambre pour la réformation des Domaines de Sa Majesté dudit Pays, selon l'ordinaire & naturel pouvoir que ladite Chambre a de ce faire dès son Institution, & auquel elle a esté maintenue & gardée par les Réglemens sur ce intervenus, ayant rendu plusieurs Réglemens dans la réformation du Domaine de Rennes le plus considerable de la Province de Bretagne, par l'un desquels la mouvance de partie d'une Maison appartenante à André Patier, sise au Fauxbourg Saint Michel de la Ville de Rennes, a esté réunie au proche Fief de Sa Majesté, & ledit Patier condamné lui payer 82 livres 18 sols 2 den. pour les ventes du Contrat d'acquêt de ladite Maison. Par autre jugement une autre Maison sise audit Fauxbourg appartenante à François Dumont, condamné à payer 62 livres 10 sols 3 deniers tournois, & par les autres jugemens, la mouvance de plusieurs maisons de ladite Ville & Fauxbourg a esté adjugée à Sa Majesté, & les Possesseurs condamnés au payement des ventes, rachapts, rechanges de rentes & payemens d'arrerages d'icelles, le tout conformément aux anciens comptes des Receveurs, Rôles Rentiers, réformation dudit Domaine; Aveux & autres Titres de sa Majesté estans aux Archives de la Chambre, & conformément aux institutions, stile & façon de proceder de tout temps pratiqués & observés en icelles au fait de réformations des Domaines de Sa Majesté, toutesfois le Parlement de Rennes, qui depuis sa création, a porté une continuelle envie à cette autorité & fonction ancienne de ladite Chambre, & par les traverses qu'il lui donne a causé la perte de la plûpart des droits dudit Domaine, & incompetemment & directement contre le Réglement d'entre les deux Compagnies du dix-huitléme Septembre 1625. a empéché l'execution desdits Jugemens rendus au profit de Sa Majesté, laquelle par les Loix & maximes de l'Estat, ne peut plaider que la main garnie, ni perdre les sacrez droits de son Domaine par prescription, ayant par son Arrest du douziéme May 1650. donné sur une simple Requeste, fait défenses à tous Huissiers & Sergens, d'executer ledit Jugement, ce qui est une nouvelle & inouie jurisprudence, procedant de la jalousie du Parlement contre l'autorité, prééminence, Jurisdiction que les Rois Prédecesseurs de Sa Majesté ont toujours conservée à ladite Chambre, desquels troubles & empéchemens icelui suppliant ayant fait plainte à ladite Chambre, elle lui a ordonné de se pourvoir vers Sa Majesté, laquelle ledit Suppliant requeroit qu'il lui plût, ainsi qu'elle a toujours fait, & notamment par son Arrest du 19 Mars 1644.

fur pareille entreprife de jurifdiction faite par ledit Parlemment contre l'autorité de ladite Chambre & contre les Réglemens, caffer & annuller lefdits
Arrêts du Parlement de Rennes du 12. May 1650. comme mal, nullement & incompéremment donnez, ordonner que les Jugemens des Commiffaires de ladite Chambre des trentiéme Septembre & troifiéme Novembre 1648. & autres qui pourroient avoir été furcis par ledit Paler-
ment feront executez par provifion fuivant les Reglemens, *contre lefquels
Jugemens les Parties fe pourront pourvoir en ladite Chambre comme il a été pratiqué d'ancienneté au fait de la reformation du Domaine de Sa Majefté & contre les
Arrêts d'icelle en cas de plainte par voye de revifion furvant les Reglemens*, & faire
expreffes deffenfes audit Parlement de recevoir aucunes oppofitions, ni
appellations des Jugemens defdits Commiffaires vacans à ladite reformation, & d'en empécher l'execution par quelque voye que ce foit, & aux
Sujets de Sa Majefté de s'y pourvoir, à peine de nullité, mille livres d'amende, & de tous dépens, dommages & interêts, & au furplus décerner Commiffion au Suppliant pour faire affigner audit Confeil lefdits Dumont,
Patier & autres qui fe font pourvûs & obtenu des furféances dudit Parlement, contre & au préjudice dudit Reglement, & pour fe voir faire deffenfes de fe pourvoir à l'avenir, ni obtenir femblables deffenfes dudit Parlement, & les condamner en tous les depens, dommages & interêts du retardement de ladite reformation. Veu par le Roy en fon Confeil ladite
Requefte, fignée Latorie, Avocat du Suppliant, deux Sentences rendues
par les Commiffaires de ladite Chambre des Comptes de Bretagne pour la
reformation du Domaine de Sa Majefté des trentiéme Septembre & troifiéme Novembre mil fix cent quarente-huit, Déclaration du Roy du dix-huit
Aouft 1582. Arrefts du Confeil des dix-huit Septembre 1625 & dix-neuf
Mars 1644. l'Arrêt dudit Parlement de Rennes intervenu fur la Requefte
dudit Patier & Dumont le 12. May 1650. Commiffion decernée au Suppliant par la Chambre des Comptes de Bretagne le 11. Janvier 1651.
pour fe pourvoir audit Confeil fur l'entreprife dudit Parlement & autres
pieces attachées à la Requefte. Ouy le Rapport fait d'icelle par le fieur
Bernard, & tout confideré LE ROY EN SON CONSEIL, ayant égard à ladite Requefte, & fans avoir égard audit Arreft du Parlement de Rennes
du dix May mil fix cent cinquante, & conformément aux Reglemens des
années mil cinq cent quatre-vingt-deux & mil fix cent vingt-cinq, a ordonné & ordonne que les Jugemens des Commiffaires de ladite Chambre
des Comptes de Bretagne des trente Septembre & trois Novembre mil fix
cent quarante-huit, & autres qui pourroient avoir efté furcis par ledit Parlement, feront executez par provifion, & fait deffenfes à ladite Cour d'en
empêcher l'execution, *fauf aux Parties de fe pourvoir contre iceux en ladite
Chambre des Comptes, ainfi qu'ils aviferont bon être.* FAIT au Confeil d'Etat privé du Roy tenu à Paris le dernier jour de Fevrier mil fix cent cinquante-
trois, collationné, figné DEMONS.

ARREST

A R R E S T

DU CONSEIL PRIVE' DU ROY

Du 30. Mars 1661.

EXTRAIT DES REGISTRES DU CONSEIL PRIVE' DU ROY.

ENTRE Dame Jeanne du Levier, femme séparée de biens de Messire Louis Redon, Comte de Taloüet, Capitaine-Enseigne des Gardes du Corps de Sa Majesté, Gouverneur des Ville & Château de Redon, Demanderesse en Requeste, suivant l'Arrest du Conseil intervenu sur icelle le 31. May 1658. d'une part ; & Messire René du Cambout, Chevalier Marquis dudit lieu & autres places, & Gouverneur pour le Roy des Villes, Château & Costes de Rhuys, reprenant l'Instance au lieu & place de deffunt Messire Hierosme du Cambout, Chevalier Seigneur dudit lieu, son pere, & Gilles Chotard, Receveur Commis à la Recette du Domaine de Rhuys, Fermier des casuels dud. Domaine du revenu certain & non engagé, Deffendeur d'autre part ; & entre ladite Dame du Levier Demanderesse en autre Requeste, suivant les Arrests du Conseil intervenus sur icelle les 14. May & 8. Juin 1660. d'une part : & lesdits du Cambout, Chotard & le Gouvello, & Thomas Deffendeurs, d'autre part : entre ledit sieur du Cambout, Demandeur en Requeste, suivant l'Arrest du Conseil intervenu sur icelle le 15. Janvier 1661. d'une part, & lesdits Dame du Levier & Chotard, Deffendeurs, d'autre part. Veu, &c. Ouy le Rapport du sieur Lallemand, Conseiller de Sa Majesté en ses Conseils, & Maître des Requestes ordinaire de son Hôtel, Commissaire à ce deputé ; & tout consideré, LE ROY EN SON CONSEIL, faisant droit sur l'Instance, a converti les moyens de cassation proposés contre lesdits Arrêts de ladite Chambre des Comptes de Bretagne, rendus les 5. Octobre 1657. & 11. May 1658. en moyens de Requeste civile, & pour y faire droit a renvoyé & renvoye les Parties en ladite Chambre, pour y être pourvû, ainsi qu'il appartiendra par raison ; & pour ce qui concerne la demande faite pour le fait de la reformation dudit Domaine de Rhuys : ordonne Sadite Majesté qu'il y sera procedé par autre Commissaire qui sera nommé par ladite Chambre, autre que ledit de Quercauval, & en conséquence a évoqué & évoque à soi, & à sondit Conseil, les Instances criminelles encommencées, tant au Parlement de Bretagne, qu'aux Requestes de l'Hôtel, & y faisant droit sur l'extraordinaire, a mis les Parties hors de Cour & de Procez, le tout sans dépens. Fait au Conseil privé du Roy, tenu à Paris le trentiéme Mars mil six cent soixante-un, signé MAISSAC : & scellé du grand sceau de cire jeaulne. T. du 2. L. noir, fol. 10.

Q

LETTRES

DE REQUESTE CIVILE

ADRESSÉES A LA CHAMBRE DES COMPTES DE NANTES.

1662.

LOUIS, par la grace de Dieu, Roy de France & de Navarre : A nos amez & feaux Conseillers les Gens tenans notre Chambre des Comptes de Bretagne à Nantes : SALUT, de la part de notre cher & bien amé Cousin le Duc de la Tremouille & de Thouars, Pair de France. Nous a été exposé, &c. Ce qui a obligé notredit Cousin exposant d'obtenir contre votredit Arrest du premier Octobre 1641. nos Lettres en forme de Requeste Civile humblement requerant icelles. A CES CAUSES, voulant subvenir à notredit Cousin Exposant, de l'avis de notre Conseil. Ouy le Rapport fait en icelui, le Sceau tenant, par notre amé & feal Conseiller en nos Conseils le sieur . . . . Nous vous mandons, que s'il vous appert de ce que dessus, même que la Jurisdiction designée par ledit Contrat d'échange du 4. Aoust 1626. par ces termes (en superiorité) ne soit autre chose que Jurisdiction superieure, pour avoir par le Seigneur superieur Jurisdiction & ressort sur ses Vassaux, suivant la Coutume & usage de ladite Province de Bretagne, & que à ladite Baronie de la Roche en Nort appartienne ledit droit de Jurisdiction supérieure, Comme aussi qu'outre les Paroisses denommées par ledit Contrat d'echange, ladite Baronie s'étende sur lesdites deux Paroisses de la Rochemantru & S. Aubin de la Roussiere, & que ces termes dudit aveu presenté par ladite veuve de la Roche Giffart n'ayent pas par elle esté expliquez (& autres choses) tant que suffire doivent, en ce cas icelles Parties ouyes, ensemble notre Procureur General, ou duement appellées, remettrez lesdites Parties en tel état qu'elles étoient auparavant votredit Arrest du premier Octobre 1641. & sur leurs fins & conclusions principales faites bonne & brieve justice en vos consciences, sans vous arrêter aux fins de non recevoir qui pourroient être objectées audit sieur Exposant pour ne s'être pas pourvû dans le tems porté par nos Ordonnances, dont attendu ce que dessus, Nous l'avons relevé & dispensé, relevons & dispensons par ces Presentes. CAR tel est notre plaisir. DONNÉ à . . . . . le . . . . jour de . . . . l'an de grace mil six cent soixante-deux, & de notre Regne le vingtiéme, signé, DUGUE'.

ARREST

DU CONSEIL.

Du 5. Août 1662.

EXTRAIT DES REGISTRES DU CONSEIL PRIVE' DU ROY.

SUR la demande & profit des deffauts levez au Greffe du Conseil les
9 Décembre 1661. & 26 Juillet en suivant, par les Gens tenans la Chambre des Comptes de Bretagne, Demandeurs aux fins de la Commission du
quinze Septembre audit an 1661. & en Requeste verbale & par écrit des
20 May & 27. Juillet 1662. à l'encontre des Gens tenans la Cour du Parlement de Rennes, Deffendeurs & Deffaillans, à faute de comparoir :
VEU, &c. Oüi le rapport du sieur de Bercy, Commissaire à ce député, &
tout consideré. LE ROY EN SON CONSEIL, a declaré & declare lesdits deffauts bien & duement obtenus, & pour le profit d'iceux, a ordonné & ordonne que l'Arrest de Réglement du Conseil contradictoirement
donné entre les Parties le 28 Septembre 1725. sera executé de point en
point selon sa forme & teneur ; fait Sa Majesté très-expresses inhibitions &
deffenses aux Deffendeurs d'y contrevenir, élargir des Prisonniers arrêtez
de l'autorité de ladite Chambre, & accorder main-levée de leurs biens saisis, donner des surseances d'executer les Arrests d'icelle, & de rien entreprendre sur sa Jurisdiction, à peine de dix mille livres d'amende, dépens, dommages & interêts, & faisant droit sur la Requeste verbale desdits Demandeurs, Sadite Majesté, sans s'arrêter aux Arrests dudit Parlement ci-dessus datez, qu'elle a cassez & annullez, comme donnez par attentat, ordonne que les Arrests & executoires de ladite Chambre, seront
executez ; fait deffenses à toutes sortes de personnes de se pourvoir à l'avenir audit Parlement, pour raison de ce, aux Procureurs d'occuper, aux
Conseillers d'expedier aucunes Requestes, aux Presidens de signer aucuns
Arrests au préjudice de la Jurisdiction appartenant à ladite Chambre, à
peine de nullité, cassation de procedure, de pareille amende que celle ci-
dessus que Sa Majesté a declaré encourue, contre chacun des Contrevenans en vertu du présent Arrest, & sans qu'il en soit besoin d'autre, dépens, dommages & interêts, & ayant égard à la Requeste incidente par
écrit desdits Demandeurs, fait encore Sadite Majesté très-expresses inhibitions & deffenses ausdits Deffendeurs d'empêcher l'execution des provisions jugées par les Commissaires de ladite Chambre, Réformateurs du Domaine, ni recevoir les appellations de leurs jugemens sur le fait des arrerages, des rentes & autres prétentions, de prendre connoissance des causes
d'entre les Comptables & leurs assignez, ensemble du fait des Commu-

nautez , foit pour la vérification des Lettres d'Octroys, réglemens de leurs maifons communes , ordres de leurs Créanciers qui feront jugez par lefdits Demandeurs , comme auffi des Baux à ferme des deniers domaniaux & publics , ni faire Procès-verbaux , pour raifon des Maifons Royales , Ponts , Pavez , Murailles , Bâtimens defdites Villes : Ordonne encore Sa Majefté que les deniers provenans des amendes jugées par les Deffendeurs contre les Communautés , feront recouvertes fur les Ordonnateurs - Receveurs , Huiffiers-Executeurs , ou Parties prenantes à la requête du Procureur General de ladite Chambre , & reftituées , & fait deffenfes aufdits Deffendeurs de furfoir & empêcher les executions des Arrefts d'icelle , executoires , decrets , condamnations d'amendes & autres , foit contre les premiers Juges ou autres fujets de Sadite Majefté , & contre les Comptables & Jufticiables de ladite Chambre : Comme auffi decharger les Particuliers des affignations qui feront données au Confeil & à ladite Chambre à la requête dudit Procureur General d'icelle & defdits Particuliers , au préjudice de fa jurifdiction & autorité , tant pour raifon de ce que deffus, que des deniers levez pour les réparations des pavez & avenuës de la Ville de Rennes , & autres voyes publiques de ladite Province , & de ceux levez par les Habitans des marches communes , dont les Receveurs & Commis feront contraints de compter à ladite Chambre , nonobftant tous Arrefts & Jugemens à ce contraires, que Sa Majefté a encore caffez & annullez , enfemble ceux par lefquels les Deffendeurs ont ordonné des deniers du Domaine , fouages , recette generale & publique , fous pretexte de gages , frais de Juftice, qu'autrement , avec iteratives deffenfes aux Deffendeurs de prendre connoiffance des dons , penfions & rabais , réglement des traittes , coutumes, droits , exemptions , pencartes , ni faire évaluations de Domaines alienez, donnez en douaire & appanage , ordre & diftribution des deniers publics , ni empéher qu'il ne foit procedé à la faifie & vente des meubles & immeubles des Comptables decedez , fans avoir compté ni laiffé heritiers purs & fimples. Ordonne Sa Majefté que les fommes de deniers à quoi fe trouveront monter les rabais ordonnez par les Deffendeurs des deniers domaniaux & publics , mêmes des executoires pour frais de Juftice & gages , feront recouvertes à la requefte du Procureur General de ladite Chambre , fait deffenfes aufdits Deffendeurs de rendre à l'avenir de femblables Arrefts & Jugemens , à peine de nullité , caffation de l'amende ci-deffus , dépens , dommages & d'interdiction des Prefidens & Rapporteurs qui auront figné lefdits Arrefts & Jugemens, & outre ayant encore égard à ladite Requefte incidente par écrit , Sa Majefté a évoqué à foi & à fon Confeil tous & chacuns les Procès civils & criminels que lefdits Demandeurs , leurs veuves , femmes , enfans , freres , fœurs , coufins-germains & domeftiques qu'ils ont ou auront ci-après audit Parlement de Rennes , tant en demandant , que deffendant , & iceux avec leurs circonftances & dépendances , a renvoyé & renvoye en fon Grand-Confeil auquel elle en a attribué toute Cour , Jurifdiction & connoiffance , & icelle interdite aufdits Deffendeurs, avec deffenfes aux Parties d'y faire aucunes pourfuites , à peine de nullité, caffation de procedures , de ladite amende de dix mille livres , dépens , dommages & interêts , condamne Sa Majefté les Deffendeurs aux dépens

de

de l'Instance desdits deffauts, & de tout ce qui en est ensuivi. Fait au Conseil Privé du Roy, tenu à Saint-Germain en Laye le cinquiéme Aoust mil six cent soixante-deux, ainsi signé, LA GUILLAUMIE.

ARREST

DU CONSEIL D'ESTAT.

Du 27 Mars 1683.

EXTRAIT DES REGISTRES DU CONSEIL D'ESTAT.

VEU par le Roy, étant en son Conseil, les Arrests rendus le 19 Décembre 1682. & 20. Janvier 1683. le premier par la Chambre des Comptes de Nantes, & le second, par le Parlement de Bretagne, séant à Vannes, sur les remontrances de ses Procureurs Generaux esdites compagnies. Celle du Procureur de la Chambre des Comptes, contenant qu'il auroit remarqué par la communication qu'il auroit eu de plusieurs Requêtes presentées à la Chambre, au sujet des fruits de Malfoy, que quelques Commis ou Préposez de Me Jacques Buisson, ci devant Fermier General des Domaines de France, pour la perception des droits provenans des fruits de Malfoy, avoient dirigé leurs actions devant les Présidiaux de Rennes, & quelques autres Juges Royaux, quoiqu'ils deussent s'adresser à la Chambre, comme ont fait les autres Préposés & Commis dudit Buisson, ce qui est d'un notable préjudice aux droits du Roy, aux interests de la Province, & un attentat à l'autorité des Jurisdictions de la Chambre ; il est certain qu'elle est seule competente de ces sortes de matieres, & qu'elle en doit avoir la connoissance privativement à tous autres Juges ; c'est elle qui ordonne par ses Arrests, que les saisies seront apposées sur les Terres des Vassaux du Roy, lorsqu'ils sont en demeure de faire leur redevance, & par consequent il n'y a qu'elle qui puisse connoître de l'execution desdites saisies, & de ses Arrests, l'accessoire suivant le principal ; que si par les articles accordez ès années 1613. & 1647. entre ladite Chambre & les Gens des trois Etats de cette Province, il est porté que les executions & saisies apposées d'autorité de ladite Chambre, se feront devant les Juges des lieux ; cela ne se doit entendre que des poursuites que les Abienneurs, établis par lesdites saisies, sont obligés de faire pour jouir des Terres saisies, & leur faire mettre un bail, ce qui fut lors établi pour empêcher les frais qu'auroient pû faire les Abienneurs, en se pourvoyant à la Chambre pour lesdites poursuites ; mais si-tôt que ces suites sont faites, & que les Abienneurs ont joui desdites Terres saisies, ils sont obligés de venir rendre compte à ladite Chambre des fruits de ladite Ferme, conformément au premier & quatriéme Articles du Reglement de 1582. rendu entre le Parlement & la Chambre, pour le compte desdits fruits ainsi rendu, estre les

R

revenans-bons & debets clairs d'iceux portés à la recette generale ; si la saisie a esté faite , faute d'hommages , ou rendus aux Proprietaires , quand ils
auroient satisfait , si ce n'est que faute d'aveux , suivant les Articles 343. &
360. de la Coutume ; cela s'est pratiqué à la Chambre de tout tems imme-
morial , & l'on voit une infinité de comptes de cette nature dans ses Archives : les Abienneurs estans donc des Comptables , il n'y a qu'elle seule qui
ait pouvoir & jurisdiction sur eux , conformément aux Articles 10 , 12 , &
14. dudit Reglement de 1582. ainsi c'est devant elle qu'on doit les appeller ; c'est elle qui les condamne à l'amende , lorsqu'ils sont en demeure
de compter ; c'est par les Arrests finaux de leurs comptes qu'ils doivent
vuider leurs mains , & quand ils n'ont pas fait leurs diligences , ni les poursuites necessaires , c'est elle qui a droit de les condamner de payer au Roy
les jouissances desdites Terres par toutes voyes & rigueurs de Justice , comme pour autres deniers Royaux , n'estant plus alors question d'aller devant
les Juges Royaux pour faire mettre les Terres en bail , puisqu'il ne s'agit
plus de jouir desdites Terres , mais de rendre compte des jouissances d'icelles , & d'en payer la juste valeur , lorsque des Particuliers pretendent que les
saisies apposées sur les Terres doivent estre levées , ou que ceux qui les auroient apposées , n'auroient pas observé toutes les formalitez , ou qu'il eût
esté donné par la Chambre des délais de surseance , comme il se prati-
quoit avant le Reglement du mois d'Aoust 1681. Dans toutes ces occasions, il n'y a que ladite Chambre qui puisse connoître de la validité desdites
saisies , & comme elle a toujours les Papiers & Titres du Roy , il lui est fa-
cile de voir les Terres qui sont de sa mouvance, Elle seule a pouvoir sur ses
Ministres , & peut statuer contre eux , quand ils n'ont pas executé ses ordres dans toutes les regles. Or , si les Présidiaux & Juges Royaux avoient
la connoissance desdits fruits de Malfoy , ils s'attribueroient une jurisdiction qui appartient seulement , & en entier à ladite Chambre ; ils connoî-
troient de toutes les affaires ci-dessus , seroient les Juges des Comptables ,
& donneroient main-levée des saisies apposées & confirmées par les Arrêts
de ladite Chambre , ce qui causeroit grand desordre , & seroit contraire au
Reglement ci-dessus rapporté , & enfin ils casseroient les Arrests de la
Chambre , ce qui est expressément deffendu , même au Parlement par les
Articles 14. & 15. du Reglement de 1625. rendu entre le Parlement &
la Chambre des Comptes ; ces assignations causent encore un grand préjudice aux droits du Roy & des Particuliers , parce que les Juges Royaux
n'ayant pas une parfaite connoissance des droits de Sa Majesté , & n'estant
saisis de ses Titres & Actes , ni ne sachant les motifs de la Chambre , donneroient main-levée des saisies bien & justement apposées , & décharge-
roient des fruits de Malfoy ceux qui les devroient legitimement , ce qui regarde l'interêt du Public ; les mêmes Juges , par les mêmes raisons , con-
damneroient les Particuliers , quand ils devroient estre dechargez : La Province souffre encore un grand préjudice par ces assignations , en ce que
les Commis & Préposez dudit Buisson appellent devant les Juges les Proprietaires avec les Abienneurs , & quelquefois les Proprietaires seuls , & même des Particuliers dont les Terres n'ont jamais esté saisies, ce qui est d'une
dangereuse consequence & une grande vexation , qui n'arriveroient , si les
assignations se donnoient à la Chambre , où l'on trouve le Rôle des saisies

que ont esté apposées, & où l'on n'appelleroit que les Abienneurs, à qui
seuls il se faut adresser, & non aux Proprietaires : Enfin les Particuliers seroient obligez d'essuïer divers degrez de jurisdiction, & de souffrir de
grands frais, par des appellations qui pourroient intervenir des Sentences
desdits Juges, au lieu que ces assignations se donnant à la Chambre, il ne
faudra plaider que dans un Tribunal où ces affaires se decideront promte-
ment à l'avantage des interêts du Roy & du Public, c'est pourquoy il a requis y estre pourvû, suivant la remontrance sur laquelle l'Arrest intervenu
ledit jour 19 Décembre 1682. fait deffenses à tous Commis & Préposez
dudit Buisson de tirer à consequence les assignations par eux données au
sujet des fruits de Malfoy devant les Juges Présidiaux de Rennes, & tous
autres Juges Royaux, de se pourvoir ailleurs qu'en ladite Chambre pour le
même sujet, à peine de neuf livres d'amende, leur enjoint de s'y pourvoir
incessamment, pour faire appeller les Abienneurs conformément audit
Réglement, a fait pareilles deffenses aux Présidiaux de Rennes,& tous autres
Juges Royaux & Substituts du Procureur General du Roy esdits Présidiaux
& Barres Royales, de prendre aucune connoissance desdits fruits de Malfoy, à peine de radiation de leurs gages, & de plus grande peine s'il y
échoit, ausdits Substituts de tenir la main à l'execution du présent Arrest,
ordonner qu'il sera signifié ausdits Présidiaux, Juges Royaux, Substituts,
& ausdits Commis & Préposez dudit Buisson, & qu'il sera lû & publié partout ou besoin sera, à ce que personne n'en ignore, & a chargé Reliques
Huissier, de l'execution d'icelui : la remontrance dudit Sieur Procureur General du Roy audit Parlement, contenant que quelques Fermiers & Sous-
Fermiers des Ordonnances de Bretagne, se seroient pourvûs differemment
pour la perception des fruits de Malfoy, les uns ayans, contre l'ordre établi pour le recouvrement des droits Seigneuriaux, & par des motifs incon-
nus, fait appeller à la Chambre des Comptes les Abienneurs établis sur
les Terres saisies, faute d'hommage, & les Proprietaires desdites Terres, pour
estre condamnés au payement des fruits de Malfoy, & les autres conformément aux précedens Réglemens, auroient fait donner les assignations
devant les Juges Royaux, comme seuls comperens de connoître de pareilles matieres, encore bien qu'il paroisse que Sa Majesté par ses Ordonnances Royaux, & ses Prédecesseurs par les leurs, bien loin d'avoir rien decidé
qui puisse attribuer à la Chambre, de pouvoir condamner les sujets du Roy
au payement des droits Seigneuriaux, il sembleroit au contraire que toute jurisdiction contentieuse estant interdite à la Chambre, elle seroit in-
competente de prononcer les condamations necessaires pour la perception
des droits que l'on pretend faire, que le Fermier doit agir de la même
maniere, & devant les mêmes Juges qu'il a accoutumé de faire pour l'éli-
gement des autres droits qui tombent dans sa Ferme, que cependant cette contestation des Fermiers & de la differente maniere dont ils se sont
pourvûs, auroit donné lieu à un Arrest du dix-neuf Décembre 1682.
dans lequel la Chambre n'ayant rien oublié de ce qui peut rendre un Arrest solemnel, auroit decidé hautement contre l'usage établi & reçû dans
la Province pour la perception des droits seigneuriaux, que la connoissance des fruits de *Malfoi*, lui appartenoit. C'est sur ce principe qu'elle auroit rendu un Arrest de Reglement, qu'elle n'auroit pû rendre, étant in-

compétente de prononcer de la maniere qu'elle a fait contre des Officiers Royaux sur lesquels elle n'a aucune Jurisdiction, en ces termes : *La Chambre faisant droit sur la Remontrance du Procureur General du Roy, a fait deffenses à tous Commis & preposés de Buisson, de tirer à consequence les Assignations par eux données au sujet des fruits de Malfoy devant les Presidiaux de Rennes & tous autres Juges Royaux, de se pourvoir ailleurs qu'en ladite Chambre pour ce même sujet, à peine de neuf livres d'amende, leur enjoint de s'y pourvoir incessamment pour faire appeller les abienneurs conformement audit Reglement, fait pareilles deffenses aux Presidiaux de Rennes & tous autres Juges Royaux, & aux Substituts du Procureur General du Roy esdits Presidiaux & Barres Royalles, de prendre aucune connoissance desdits fruits de Malfoi, à peine de radiation de leurs gages, & de plus grande peine si elle y échoit, enjoint auxdits Substituts de tenir la main au dit Arrest, & ordonne qu'il sera signifié auxdits Presidiaux & Juges Royaux & Substituts, & auxdits Commis & preposés de Buisson, & qu'il seroit lû & publié où besoin seroit, à ce que personne n'en eût ignoré.* Que c'est sur cet Arrest que ledit Procureur General est obligé de mettre sa Remontrance à la Cour, qui lui represente le préjudice extrême que de pareils Jugemens donnés à la Chambre, pourroient causer aux Sujets du Roy, lesquels à la verité sont obligez, lorsqu'ils sont en demeure de faire leur foy & hommage, de la rendre à la Chambre, mais qu'ils n'y peuvent être traduits pour payement d'aucuns droits Seigneuriaux pour lesquels il échoit condamnation ; toutes les Ordonnances anciennes & nouvelles le decident assez clairement, sans qu'il soit besoin d'en faire un plus long détail, il ne faut pour prouver cette verité, que reflechir un peu sur l'Ordonnance du Roy Henri IV. donnée à Paris au mois d'Aoust 1598. Article X. par laquelle il est expressément deffendu aux Gens des Comptes de ne prendre aucune connoissance des Causes, ni Procez, & particulierement en fait qui ne regarde point le fait des Comptes ; & quand on voudroit faire les reflexions necessaires sur les suites qu'entraîne la perception des fruits de Malfoy, il n'y a personne qui ne vît clairement qu'il s'agit de la Jurisdiction contentieuse. Aussi la chose a-t-elle été si bien reconnue, que pour donner quelque couleur à l'usurpation qu'on veut faire, on a prétendu que les Abienneurs & les Commissaires établis sur lesdites terres doivent être traités comme des Comptables, & pour le prouver on se sert des I. & IV. Articles d'un Reglement de 1582. rendu entre le Parlement & la Chambre ; mais ce que contiennent ces deux Articles ne peut avoir aucune application à la question qui se presente, puisqu'ils ne concernent point les fruits de Malfoy, le premier étant pour les levées de deniers, & le IV. pour le Receveur du temporel des Bénéfices tombés en Regal, outre que lesdits droits sont présentement affermés comme les droits de lods & ventes, rachats, & autres, à des personnes qui n'en doivent aucun compte ; ainsi ce Reglement ne peut donner aucune atteinte aux Articles accordés aux années 1613. & 1647. entre les Etats de cette Province & la Chambre, par lesquels il est expressément porté, que les suites des saisies apposées d'autorité de la Chambre, se feront devant les Juges des lieux, & par conséquent par appel en la Cour, puisque ladite Chambre ne connoît d'aucune appellation, & c'est encore se vouloir tromper de vouloir traiter lesdits Abienneurs comme des Comptables,

ptables, il ne faut qu'examiner leur miniftere & le droit du Fermier pour en connoître les differences ; l'abienneur n'eft obligé que de faire faire un bail des fruits fur la terre fur laquelle il eft établi , d'en payer le prix au Fermier du Domaine , lequel n'eft nullement Comptable à la Chambre , de forte qu'après les faifies il n'eft befoin d'aucune Ordonnance & Arrêt de la Chambre pour la deftination defdits deniers des fruits de Malfoy , & le Procureur General de la Chambre fuivant le Reglement de 1681. ayant remis ès mains du Fermier , des copies des faifies , fon miniftere ceffe , & le Fermier doit fe pourvoir de la même maniere que pour la perception des autres droits feigneuriaux , *la Chambre ne pouvant en cette occafion faire autre chofe que de donner main-levée des fruits de Malfoy* après que le Vaffal a fait fon hommage : il eft inutile de vouloir reprefenter l'inconvenient qui s'enfuivroit , fi la Chambre ne connoiffoit pas des fruits de Malfoy , en difant qu'alors les Prefidiaux & Juges Royaux cafferoient les Arrêts de la Chambre ; *il n'eft point queftion de caffer les Arrêts de la Chambre* , il s'agit uniquement d'adjuger au Fermier un droit qui lui eft dû , & dont il n'eft pas comptable , ou de l'en debouter , fi le Vaffal fait voir qu'il eût fait la foy & hommage : & ainfi ce raifonnement eft auffi foible que celui que l'on fait pour reprefenter qu'il y va de l'interêt & du foulagement des Sujets du Roy : il eft aifé de découvrir que c'eft un prétexte fpécieux dont on a voulu fe fervir pour appuyer la nouvelle Jurifdiction que la Chambre veut s'attribuer , & pour en pénetrer la verité , il ne faut qu'examiner quelle eft la différence de traduire à la Chambre les Sujets du Roy du fond de la Province pour remplir les Affignations qui leur feroient données , ou de les faire comparoître devant les Juges des lieux leurs Juges naturels , & devant lefquels ils peuvent difcuter leurs droits , fans être ebligés à quitter le foin de leurs affaires , ni à de grands voyages , qui ne fe peuvent faire qu'à grands frais , & fouvent inutiles , puifque tels qui auroient été affignés , loin de pouvoir être condamnés , feroient déchargés , & on peut aifément juftifier que quantité de terres ont été faifies , quoique les proprietaires ayent rendu leurs hommages , & même fouvent il en coûteroit plus pour les frais qu'il conviendroit faire pour un auffi grand voyage , que le revenu de la terre faifie ne vaudroit , & d'un autre côté les dépens des abienneurs & les frais du compte confommeroient les deniers des baux judiciaires , de forte que ce feroit le moyen de ruiner le Vaffal , & d'abforber entierement les deniers qui devroient revenir aux Fermiers du Domaine. Cette raifon feule du bien public , avec une infinité d'autres qu'on y peut encore joindre , feront affez fenfibles , fi la Chambre foutient fon Arrêt pour determiner Sa Majefté , dont les foins , les plus ardens ne tendent qu'à procurer l'avantage de fes Sujets , à ordonner aux Fermiers de fon Domaine de Bretagne de proceder de la même maniere & devant les mêmes Juges qu'ils ont accoutumé de faire pour le recouvrement des autres droits feigneuriaux , parmi lefquels on ne peut pas douter que les fruits de Malfoy ne foient compris ; fur quoy l'Arrêt intervenu ledit jour 20. Janvier 1683. fans avoir égard à celui de la Chambre du 15. Decembre 1682. a caffé & annullé les affignations données en confequence , fait deffenfes auxdits Fermiers , Sous-Fermie s & Commis de se pourvoir ailleurs pour la perception des fruits de Ma foy, & donner, aucunes Assignations que devant les Juges Royaux des lieux d'où relevent les heritages saisis faute d'hommage ; fait deffenses aux proprietaires des terres de comparoir ailleurs, à peine de 3000 liv. d'amende, tant contre les Fermiers, que contre lesdits proprietaires ; fait commandement auxdits Juges Royaux de statuer sur les Requestes qui leur ont esté ou seront presentées par lesdits Fermiers & proprietaires, & de donner toutes les Sentences & expéditions nécessaires, & fait deffenses aux Juges Presidiaux & Royaux d'enregistrer dans leurs Greffes ledit Arrest de la Chambre & d'y tenir état, ordonne que le present Arrest, à la diligence du Procureur General du Roy, sera envoyé aux Sieges Presidiaux & Royaux de ce ressort, pour, à la diligence de ses Substituts, y être lû, publié & enregistré, à ce que personne n'en ignore, auxquels ladite Cour a enjoint de tenir la main à l'execution du present Arrest : vû aussi les Memoires presentez tant par lesdits Procureurs Generaux desdites Cour de Parlement & Chambre des Comptes, que par les Deputez des Etats de ladite Province sur l'interpretation des Articles 343. & 360. de la Coutume de ladite Province, la Declaration en forme de Reglement faite entre lesdites deux Compagnies en date du 18. Aoust 1582. Arrest du Conseil portant Reglement entre lesdites deux Compagnies du 18 Octobre 1625. Articles accordés entre lesdits Etats de ladite Province & ladite Chambre le 27. Février 1613. homologués par Arrest du Conseil du 5. Mars 1613. autres Articles accordés entre lesdits Etats & ladite Chambre le 19. May 1647 ledit Arrest portant Reglement pour la Chambre des Comptes de Bretagne du mo's d'Avril 1682. registré en ladite Chambre le 12. Septembre audit an : Ouy le Rapport du sieur Colbert, Conseiller ordinaire au Conseil Royal, Controlleur General des Finances. LE ROY ETANT EN SON CONSEIL, faisant droit sur le tout, sans s'arrêter aux Arrêts rendus par ladite Cour de Parlement & ladite Chambre des Comptes, a ordonné & ordonne, que les saisies des Fiefs mouvans de Sa Majesté en ladite Province à faute de foy & hommage seront faites à la Requeste de son Procureur General en la Chambre des Comptes, & pour la perception des fruits saisis, seront établis bons & valables Commissaires & abienneurs, seront aussi faites à la Requête de son Procureur General les saisies des Fiefs faute des dénombremens non baillés, avec pareil établissement de Commissaires, sera procedé aux baux judiciaires des Fiefs saisis en l'un & l'autre cas à la poursuite & diligence des Fermiers du Domaine pardevant les Juges ordinaires, si mieux n'aiment les Fermiers consentir la conversion des baux conventionnels en baux judiciaires, le prix desquels baux dans les cas auxquels les saisies feodales emportent la perte des fruits, sera payé auxdits Fermiers du Domaine, qui en compteront à ladite Chambre des Comptes à la fin de leurs baux : Sa Majesté defend à tous ses Sujets de se pourvoir contre les saisies feodales faites à la Requête de son Procureur General en la Chambre des Comptes autrement que par opposition en ladite Chambre, ou par appel au Parlement, sans qu'aucune opposition auxdites saisies puisse être reçûe, ni demande faite, à fin de main-levée dans les Justices & Barres Royales, & à l'égard des autres contestations qui peuvent naître à l'occasion desdites saisies entre les Parties saisies, Fermiers du Domaine, Fermiers conventionnels, ou judiciaires, Commissaires & abienneurs établis, soit entr'eux ou avec d'autres personnes, elles seront jugées en premiere instance par les Juges ordinaires, & par appel audit Parlement. Fait Sa Majesté deffenses à ladite Chambre des Comptes d'en prendre connoissance, à peine de nullité. FAIT au Conseil d'Etat du Roy, Sa Majesté y estant, tenu à Versailles le vingt-septiéme jour de Mars mil six cent quatre-vingt-trois, signé, COLBERT.

A R R E S T

DU CONSEIL DESTAT DU ROY.

Du 3. Septembre 1697.

ENTRE les Presidens, Tresoriers Generaux de France des Bureaux des Finances, & Chambre du Domaine des Generalités de Rouen, Caën & Alençon, Demandeurs, aux fins de la Requeste par eux presentée au Conseil, inserée dans l'Arrest du Conseil d'Etat intervenu sur icelle le 12. Juillet 1695. auxquelles commission & exploit, lesdits Presidens, Tresoriers de France, de Caën & d'Alençon sont adherans, d'une part, & les Officiers de la Chambre des Comptes de Normandie, Deffendeurs, d'autre part, sans que les qualités puissent nuire, ni préjudicier aux Parties. Vû au Conseil du Roy l'Instance d'entre lesdites Parties, ladite Requeste desdits Presidens & Tresoriers Generaux de France au Bureau des Finances, & Chambre du Domaine des Generalités de Normandie, inserée audit Arrest du 12. dudit mois de Juillet 1695. tendante à ce que pour les causes y contenues il plût à Sa Majesté, sans s'arréter à l'Arrest du Conseil du   & aux Lettres Patentes du 5. Octobre 1694. obtenues par lesdits Officiers de ladite Chambre, qui seront cassées & annullées, les maintenir & garder dans toutes les fonctions, competences & Jurisdictions qui leur sont attribuées par leur institution, & confirmées par les Edits, Ordonnances, Reglemens, &c. Requeste presentée au Conseil par les Officiers de Sa Majesté en son Parlement de Rouen le 23. Fevrier dernier 1697. aux fins d'être reçûs Parties intervenantes en ladite Instance, & opposans auxdits Arrests & Lettres Patentes y mentionnées, en ce qui regarde la Jurisdiction contentieuse ; & faisant droit sur leur intervention & opposition, faire deffenses à ladite Chambre des Comptes de prendre connoissance des blames d'aveux, des oppositions à la verification d'iceux, & de toutes autres matieres contentieuses, lesquelles seront jugées en premiere instance par les Juges qui en doivent connoître, & par appel audit Parlement, &c. Acte signifié de la part desdits Officiers de la Chambre des Comptes du huitiéme dudit mois de May dernier, par lequel ils ont déclaré, qu'ils consentent que toutes les oppositions formées à la verification des aveux, soient jugées par les Juges des

lieux, & par appel au Parlement, excepté celles où Sa Majesté aura seule,
(sous le nom de son Procureur General en ladite Chambre, ou des Receveurs des Domaines,) interêt, qui seront jugées par la Chambre; Requeste desdits Officiers dudit Parlement de Rouen du 4. Juin ensuivant,
par laquelle ils ont demandé Acte de la Declaration desdits Officiers de la
Chambre des Comptes, portée par le susdit Acte, & de ce qu'en consequence d'icelui, ils consentent aussi (sous le bon plaisir de Sa Majesté)
qu'il soit ordonné par l'Arrest qui interviendra, que toutes les oppositions formées à la verification des aveuxsoient jugées par les Juges des lieux,
& par appel au Parlement; excepté celles où le Roy seul (sous le nom
de son Procureur General en ladite Chambre ou des Receveurs du Domaine) aura interêt, qui seront jugées par ladite Chambre, au moyen de
quoy ils se desistent de leur intervention, &c. LE ROY EN SON CONSEIL,
faisant droit sur le tout, a ordonné & ordonne que l'Arrest du Conseil du
14. Septembre mil six cent quatre-vingt-quatorze, & Lettres Patentes de
Sa Majesté du 5. Octobre suivant, seront executées; ce faisant, sans s'ar-
rester à la Requeste desdits Tresoriers de France, inserée en l'Arrest du
Conseil du 12. de Juillet 1695. a maintenu & gardé, maintient & garde
lesdits Officiers de la Chambre des Comptes de Rouen dans le droit & possession de recevoir seuls les foy & hommages, aveux & denombremens des
Vassaux possedans fiefs dans la Province de Normandie, mouvans de S. M.
faire les saisies pour devoirs non faits, & droits non payés, donner souffrance & main-levée, & lesdits Baillifs & leurs Lieutenans Generaux de
ladite Province, en la possession de faire les publications desdits aveux &
denombremens, & autres procedures en conséquence, le tout ainsi que les
Officiers de la Chambre des Comptes, Baillifs, & leurs Lieutenans ont fait
respectivement chacun à leur égard par le passé. Fait S. M. deffenses auxdits
Tresoriers de France de les y troubler, ni de s'immiscer en la reception desd.
foy & hommages, aveux & denombremens, & autres Actes en dependans.
Et ayant égard à l'intervention & demande des Officiers de Sa Majesté audit Parlement de Rouen, porté par leurs Requestes des 23. Fevrier 1697.
& 18. Mars suivant, en consequence du consentement desdits Officiers de
la Chambre des Comptes, porté par l'Acte signifié le 8. May audit an;
ordonne Sa Majesté que toutes les oppositions formées à la verification
des aveux, seront jugées par les Baillifs, & leurs Lieutenans, & par appel
audit Parlement; *à l'exception neantmoins de celles où Sa Majesté seule, sous le
nom de son Procureur General en ladite Chambre, ou des Receveurs des Domaines, aura interêt, qui seront jugées par ladite Chambre.* Et sur le surplus
des autres demandes, fins & conclusions respectivement faites, les Parties
hors de Cour, dépens entr'elles compensés. FAIT au Conseil d'Etat du
Roy, tenu à Versailles le trois de Septembre mil six cent quatre-vingt-dix-
sept. Collationné, signé, RANCHIN.

EXTRAIT

EXTRAIT DES REGISTRES
DE LA CHAMBRE DES COMPTES
DE BRETAGNE.

Du 16. Février 1714.

ENTRE Messire Armand de Madaillan de Lespare, Chevalier Marquis de Lassey, Deffendeur en opposition à l'enregistrement des Lettres Patentes à lui accordées par S. M. portant réunion de plusieurs fiefs & érection d'iceux en Comté, sous le titre de Madaillan, & Demandeur en évocation : Et Messire Pierre de Becdelievre, Chevalier Marquis d'Ocqueville, Conseiller du Roy en ses Conseils, Premier President Honoraire en la Cour des Aydes de Normandie, Demandeur en ladite opposition, & deffendeur en ladite évocation. VEU par la Chambre l'Arrest rendu en icelle le 27. Juillet 1713. qui appointe les Parties à écrire & produire, pour leur estre fait droit dans le tems de l'Ordonnance : Arrest de la Cour des Aydes & Finances de Rouen du 19. Juin 1711. qui accorde Acte audit Becdelievre de son opposition : Requeste contenant l'opposition dudit Becdelievre, signifiée audit de Madaillan de Lespare le 27. Novembre 1711. Cedule évocatoire dudit de Madaillan de Lespare du 19. Décembre ensuivant, signifiée audit de Becdelievre le cinq Janvier mil sept cent douze, consentement dudit de Becdelievre à ladite évocation du vingt dudit mois de Janvier, signifiée le vingt-un dudit mois : Lettres d'évocation obtenues par ledit de Becdelievre d'Ocqueville, au lieu & place dudit de Madaillan de Lespare le sept May de ladite année mil sept cent douze, signée par le Roy en son Conseil, Godemel ; par lesquelles Sa Majesté évocant à soi & à son Conseil le Procès & differend d'entre les Parties, pendant en la Chambre des Comptes de Rouen, l'a renvoyée en la Chambre des Comptes de cette Province, pour être jugés ainsi qu'il appartiendra, icelles signifiées audit de Madaillan de Lespare le 11. Janvier 1713. par Peaux, premier Huissier au Siege Presidial de Rouen, conttrollées à Rouen le 11. Janvier 1713. par Pocinot, avec assignation à deux mois : Défaut levé au Greffe de ladite Chambre le 27. Avril 1713. signifiée le 17. May ensuivant, &c.

La Chambre, sans s'arrêter aux Requestes incidentes des 26. Janvier & 5. Fevrier dernier, en rejection d'Actes, a débouté ledit de Becdelievre de son opposition, & l'a condamné aux dépens, sur lesquels, distraction lui sera faite des sommes de quarante-une livres par lui payées pour le coust des Lettres d'évocation du 7. Aoust 1712. & de celle à laquelle seront liquidés les frais du Défaut levé au Greffe le 27. Avril 1713. FAIT à la Chambre des Comptes, à Nantes, ce seize Fevrier mil sept cent quatorze.

DECLARATION
DU ROI,

PORTANT Reglement entre la Chambre des Comptes & la Cour des Aydes, sur le fait de leur Jurisdiction.

Donnée à Marly le 27. Janvier 1727.

REGISTRE'E EN LA CHAMBRE DES COMPTES.

LOUIS, par la grace de Dieu, Roy de France & de Navare : A tous ceux qui ces presentes Lettres verront, SALUT. L'attention singuliere que les Rois nos Predecesseurs ont donné dans tous les tems pour conserver l'ordre dans l'administration des finances, les auroit engagé à établir une Chambre des Comptes pour veiller principalement à la reddition des comptes de ceux qui avoient le maniement de leurs deniers, & constater par toutes sortes de voyes les sommes dont ils étoient redevables. Dans la même vûe, & voulant prevenir les abus & malversations qui pourroient survenir dans la perception de leurs revenus, ils auroient créé une Cour des Aydes pour juger tous les differends qui pourroient naître dans la levée de leurs droits, empêcher les exactions & concussions, & proceder à la vente des immeubles des Comptables en demeure de satisfaire au payement de leurs debets. Ils auroient encore fixé & determiné par plusieurs Edits & Declarations les causes & matieres dont chacune de ces deux Cours devoient connoître. Nous avons neanmoins été informés que notre Chambre des Comptes & notre Cour des Aydes de Paris, également attentives à la conservation de nos droits, se fondant également sur la disposition de nos & declarations, auroient à l'occasion de l'absence & faillite de quelques Comptables, apposé le scellé sur leurs effets, les auroient poursuivi extraordinairement à la Requeste de nos Procureurs Generaux en chacune Cour ; desirant y pourvoir & entretenir l'union entre deux Compagnies dont le zele pour la Justice, & l'attachement pour notre Personne Nous sont parfaitement connus, Nous avons jugé nécessaire d'expliquer plus particulierement nos intentions. A CES CAUSES, après avoir fait examiner en notre Conseil les titres, pieces & Memoires que lesdites deux Cours Nous ont remis, & de notre certaine science, pleine puissance & autorité Royale, Nous avons par ces Presentes signées de notre main, dit, declaré & ordonné, disons, declarons & ordonnons, voulons & Nous plaît.

ARTICLE PREMIER.

Que les Officiers de notre Chambre des Comptes soient & demeurent maintenus dans le droit & possession d'apposer le scellé chez les Comptables, comptant directement à la Chambre, en cas d'absence & faillite ; de faire l'inventaire & description de leurs meubles, titres & papiers, & de faire ensuite proceder à la vente desdits meubles.

I I.

Avons aussi maintenus nosdits Officiers des Comptes dans le droit & possession d'apposer le scellé sur les effets des Comptables decedés en demeure de rendre leurs comptes, & de proceder, s'il y échet, à l'inventaire & description des meubles, titres & papiers, même à la vente desdits meubles.

I I I.

S'il survient des oppositions auxdits scellé, inventaires & ventes desdits meubles, ou des contestations & demandes provisoires pour raison desdites oppositions, ou autrement, lesdites contestations & demandes provisoires seront incessamment jugées en notredite Chambre des Comptes, en sorte que la vente des meubles n'en puisse être retardée, sauf aux Opposans à poursuivre après les meubles vendus, l'effet de leur opposition, sur les deniers en prevenans, & sur les autres biens de leurs debiteurs devant les Juges qui en devront connoître.

I V.

Et quant aux affaires criminelles incidentes à la ligne de compte, comme divertissement & retention de nos deniers, peculat, falsification & alteration de Registres, faux acquits, & autres ayant trait aux Comptes seulement, ordonnons que les Edits, Declarations & Lettres Patentes des 28. Janvier 1347. 4. Fevrier 1450. 12. Septembre 1552. Decembre 1557. Fevrier 1566. & May 1567. seront executés, en consequence, que les Officiers de notre Chambre des Comptes continueront d'en connoître & de les juger, en se conformant toutesfois à la disposition desdits Edits de 1566. & 1567.

V.

Enjoignons à notre Chambre des Comptes de proceder à l'instruction, visite & jugement des procès criminels, sans y apporter aucun retardement pour quelque cause & pretexte que ce puisse être, & toutes autres affaires cessantes.

V I.

Maintenons au surplus les Officiers de notre Cour des Aydes dans le droit de juger toutes les affaires dont la connoissance leur est attribuée par les Edits de Juin 1500. Mars 1551. & autres nos Edits & Declarations.

Si donnons en mandement à nos amés & feaux Conseillers les Gens tenans notre Chambre des Comptes à Paris, que ces Presentes ils ayent à faire lire, publier & registrer, & le contenu en icelles garder, observer & executer selon leur forme & teneur. Car tel est notre plaisir, en temoin de quoi Nous avons fait mettre notre Scel à cesdites Presentes. Donné à Marly le sept Janvier l'an de grace mil sept cent vingt-sept, & de notre Regne le douziéme, signé LOUIS, & plus bas, par le Roy, PHELYPEAUX. Vû au Conseil, LE PELLETIER, & scellées sur double queue du grand Sceau de cire jaune.

Registré en la Chambre des Comptes, ouy & ce requerant le Procureur General du Roy, pour être executés selon leur forme & teneur, les Semestres assemblés, le quinze Janvier mil sept cent vingt-sept, signé, BEAUPIED.

LETTRES PATENTES
DU ROY LOUIS XV.

Du 8 Septembre 1727.

LOUIS, par la grace de Dieu, Roi de France & de Navarre : A nos Amez & féaux Conseillers, les Gens tenans notre Chambre des Comptes de Bourgogne & Bresse à Dijon : SALUT. Pour terminer les contestations pendantes en notre Conseil privé, entre notredite Chambre des Comptes, & notre Cour de Parlement à Dijon, & parvenir à un reglement qui pût assurer les droits de ces deux Compagnies, Nous avons renvoyé pardevant les Commissaires nommez par Arrest de notre Conseil des 10 Juin 1723, 20 Mai 1724, 21 Mai 1725, & 8 Fevrier dernier, les differens & contestations d'entre nosdites Cours, les Procureurs Generaux d'icelles & autres Parties ; & sur l'avis desdits sieurs Commissaires, Nous avons par autre Arrest du 7 Aoust aussi dernier, statué sur lesdites contestations, &c. ordonné que pour l'execution dudit Arrest toutes Lettres nécessaires seroient expediées. A quoi voulant pourvoir, Nous avons conformément audit Arrest du 7 Aoust dernier, dont extrait est ci-attaché sous le contre-scel de notre Chancellerie, maintenu & gardé, & par ces présentes signées de notre main.

ARTICLE PREMIER.

Maintenons & gardons notredite Chambre des Comptes de Dijon, dans le droit & possession de recevoir les foy & hommages, aveux & dénombremens des fiefs mouvans de notre Domaine, & de connoître en dernier ressort des oppositions que notre Procureur General en ladite Chambre jugeroit à propos de former pour la conservation de nos droits, tant à la reception des foy & hommages, que desaveux & dénombremens, après néanmoins que lesdits aveux & dénombremens auront été blâmez.

I I.

Ordonnons que les saisies féodales, faute de droits & devoirs non faits & non payez, ou d'aveux & dénombremens non fournis, seront faites à la Requeste de notre Procureur au Bureau du Domaine, à la charge d'en envoyer des copies tous les trois mois au Procureur General de notredite Chambre.

I I I.

Et seront toutes les contestations incidantes auxdites saisies féodales jugées en premiere instance par les Trésoriers de France, & par appel en notredite Cour de Parlement à Dijon.

I V.

Toutefois, en cas de négligence de notre Procureur au Bureau de notre

Domaine

Domaine, & trois mois après l'expiration des delays portez par les Coutumes, voulons & entendons, que notre Procureur General en ladite Chambre des Comptes puisse faire saisir feodalement ; & qu'en ce cas seulement les contestations concernant la validité, ou invalidité de la saisie, ensemble toutes autres contestations incidentes à icelle, dans lesquels Nous aurons interest, soient jugées & terminées en dernier ressort par notredite Chambre des Comptes.

V.

Les aveux & dénombremens seront envoyez par notre Chambre des Comptes aux Tréforiers de France, pour eftre par eux procedé aux blâmes desdits aveux, & en cas d'appel des Jugemens qui interviendront sur le blâme, sera ledit appel porté en notredite Cour de Parlement.

V I.

Ne feront lefdits aveux & dénombremens reçûs par les Officiers de notre Chambre des Comptes, qu'après que verification en aura été par eux faite sur les anciens aveux.

V I I.

Voulons & entendons, que les Actes d'attache de ladite Chambre, pour les foy & hommages, aveux & dénombremens, foient prefentés par les Parties au Bureau defdits Treforiers de France, pour la confervation de nos droits, fans qu'il puiffe être exigé aucune chofe pour l'enregiftrement.

V I I I.

Les Lods & ventes & autres droits Seigneuriaux & feodaux qui pourront Nous être dûs, feront liquidés & adjugés par les Treforiers de France, fauf l'appel en notre Cour de Parlement.

I X.

Et ne donneront lefdits Treforiers de France main-levée des faifies, qu'en juftifiant par les Vaffaux de l'acquit des droits & de l'Arreft de notredite Chambre qui aura reçû leurs foy & hommages.

X.

Sans Nous arrêter aux Arrefts de notre Cour de Parlement de Dijon des premier Juillet 1701. 14. Aouft, & 19. Decembre 1722. ni à ceux de notre Chambre des Comptes des 20. Mars, 15. Juin & 3. Decembre 1722. avons évoqué & évoquons à Nous, & à notre Confeil toutes les conteftations formées entre Nous & le Seigneur de Sombernon, & le fieur Perreney, au fujet de la mouvance de la terre de Grofbois, & ordonnons que l'amende payée par Clemenchot lui fera rendue par le Fermier de notre Domaine. Avons pareillement évoqué & évoquons les conteftations mues entre Nous & le fieur Comte de Montreal au fujet de la mouvance des terres de Dortans, Arbans, Bona & autres fituées en Bugey, & des droits dûs pour raifon de l'acquifition defdites terres par le fieur Gautier en 1720. & icelles conteftations, circonftances & dependances, avons renvoyé & renvoyons auxdits Treforiers de France de Dijon, pour y être jugées conjointement ou feparément, ainfi qu'il appartiendra, fauf l'appel en notre Cour de Parlement.

X I.

En ce qui concerne l'appel du fieur Languet de l'Arreft de notre Chambre des Comptes du 30. Juin 1714. fans Nous arrêter audit appel, ni audit Arreſt de ladite Chambre, avons ordonné & ordonnons, qu'il ſera procedé au blâme dudit aveu & dénombrement dont il s'agit, par leſdits Treſoriers de France de Dijon, ſauf l'appel en notre Cour de Parlement, & ſans prejudice de la verification en ladite Chambre.

X I I.

Et en ce qui touche les appels interjettés par les ſieurs Lantin, de Macheco, Guyard & Richard, de la Commiſſion de notredite Chambre du 19. Decembre 1722. ſans avoir égard auxdits appels, & ſans Nous arrêter aux Arrêts de notre Cour de Parlement des 17. Fevrier & 16. Mars 1723. ni aux ſaiſies faites à la Requeſte de notre Procureur General en la Chambre, dont Nous avons fait main-levée ſans perte de fruits, avons ordonné & ordonnons que dans quinzaine pour tous delais, à compter du jour de l'enregiſtrement des Preſentes, leſdits ſieurs Lantin, de Macheco, Guyard & Richard, ſeront tenus de rendre leur foy & hommages en ladite Chambre des Comptes, & de ſatisfaire aux droits de la Chambre accoutumés; comme auſſi de fournir leurs aveux & denombremens dans les delais de la Coutume.

X I I I.

Avons maintenu & gardé, maintenons & gardons notredite Chambre des Comptes dans le droit de proceder en dernier reſſort par information, decret, recolement, confrontation, contre les Officiers de ſa Compagnie, par voye de correction & de diſcipline, ſoit pour deſobéïſſance, injures dites ou faites dans l'enceinte de ladite Chambre, ou pour fautes commiſes dans l'exercice de leur fait; ſauf néanmoins la reviſion en Chambre neutre, dans les cas ſeulement où ladite Chambre aura procedé par voye d'information, pour laquelle reviſion il y aura deux Commiſſaires de notre Cour de Parlement de plus que de la part de notredite Chambre, ſuivant les Reglemens. Ce faiſant, avons caſſé & annullé, caſſons & annullons l'Arreſt de notre Cour de Parlement de Dijon du 31. Juillet 1702. qui a reçû Simon Myette, Garde des Livres de la Chambre, appellant de l'Arreſt de ladite Chambre du 23. Mars de ladite année 1702. & de tout ce qui s'en eſt enſuivi.

X I V.

Ordonnons que notre Cour de Parlement de Dijon, en qualité de Cour des Aydes, demeurera maintenue, conformement à l'Edit du mois d'Avril 1630. dans le droit de connoître de tous Procès & differends concernant la juriſdiction deſdites Aydes, même des executions des Arreſts rendus par notredite Chambre pour raiſon des finances dont l'audition lui appartient, des pourſuites pour les debets des comptes rendus en icelle, & executoires delivrés en conſequence, & autres matieres dont la connoiſſance eſt attribuée à nos Cours des Aydes par les Edits, Declarations & Arreſts de Reglement rendus par les Rois nos Predeceſſeurs.

X V.

Ordonnons que les Edits des mois de Decembre 1557. Aouſt 1598. & Aouſt 1669. Enſemble les Edits, Declarations & Arreſts rendus en conſequence ſeront executés ſelon leur forme & teneur; ce faiſant, que les Receveurs de nos deniers & autres qui doivent compter à ladite Chambre, ſeront tenus de ſe conformer, pour la reddition de leurs Comptes, &

dans tout ce qui regarde leur maniment, circonstances & dependances, aux Reglemens faits par lesdites Declarations & Arrests, & leur faisons très-expresses inhibitions & deffenses de preceder pour raison de ce ailleurs qu'en notredite Chambre, à peine d'interdiction de leurs Charges, privation de leurs gages, & quinze cent livres d'amende.

X V I.

Deffendons à notre Cour de Parlement de Dijon de rendre aucuns Jugemens qui puissent en aucuns cas anéantir ou alterer les debets, ou condamnations portés par les Arrests ou Executoires de ladite Chambre contre les Comptables : ce faisant, avons cassé & annullé, cassons & annullons l'Arrest de notre Cour de Parlement de Dijon du 7. May 1714. par lequel notredite Cour de Parlement, sans s'arrêter à l'Arrest de notredite Chambre du premier Mars precedent, ordonne que son Arrest du 9. Fevrier sera executé, & enjoint au Sindic de Bresse & aux Heritiers de Bretagne de s'y conformer, & les decharge des deffenses & amendes prononcées contre eux par ladite Chambre.

X V I I.

Sans Nous arrêter pareillement à autre Arrest rendu par notredite Cour de Parlement le 18. Mars 1715. sur la Requeste de Joseph Moyrod, ordonnons que l'Arrest *d'iterato* de ladite Chambre du 11. Fevrier precedent sera executé ; avons declaré & declarons le défaut levé contre ledit Moyrod au Greffe du Conseil, bien & duement obtenu, & pour le profit avons declaré ces Presentes communes avec lui.

X V I I I.

Voulons & entendons que les Officiers des Elections dans les Generalités de Bourgogne & Bresse, ne se puissent faire recevoir ailleurs qu'en notredite Cour de Parlement, comme Cour des Aydes, à l'effet de quoi seront à l'avenir toutes les Lettres de provisions desdits Officiers adressées à notredite Cour de Parlement seulement.

X I X.

Ne pourra ladite Chambre en procedant à l'enregistrement des Edits & Declarations, & Lettres Patentes, ordonner en aucun cas que copies collationnées en seront envoyées dans les Bailliages & Senechaussées de son ressort, pour y être publiées & enregistrées.

X X.

Ni notre Procureur General de ladite Chambre qualifier nos Procureurs, esdits Bailliages & Senechauchées de ses Substituts.

X X I.

Ne pourra aussi notredite Chambre ordonner pareilles publications & enregistremens de ses Arrests, sauf à elle d'adresser aux Officiers desdits Bailliages ses Commissions particulieres, concernant notre Domaine & nos finances, conformément à la Declaration de 1521.

X X I I.

En ce qui concerne le payement des Epices, à cause des reprises de fief & receptions d'aveux & denombremens, n'entendons qu'il soit rien innové, jusqu'à ce qu'il en ait été autrement par Nous ordonné,

X X I I I.

Ordonnons que conformement aux ordres du feu Roy notre Bisayeul, des premier Septembre 1683. 6. Janvier 1712. & aux nôtres du 28. Novembre 1715. après que les Ceremonies qui se feront en l'Eglise de la Sainte-Chapelle de Dijon, & auxquelles notredite Cour de Parlement & Chambre des Comptes assisteront en Corps de Cour, seront achevées, & que lesdites Compagnies se separeront, notredite Chambre des Comptes sortira de ladite Eglise par la porte collaterale du Chœur, du côté de l'Evangile, & ce jusqu'à ce qu'il Nous plaise terminer le differend d'entre lesdites deux Compagnies, au sujet du croisement, sans prejudice toutesfois au Reglement du 18. Janvier 1633. qui continuera d'être executé dans les cas des Processions Generales.

X X I V.

Ordonnons que dans tous les Arrests & autres Actes publics, sans exception, notre Cour de Parlement de Dijon sera tenue de qualifier nos Avocats & Procureur en ladite Chambre d'Avocats & Procureur Generaux en ladite Chambre.

X X V.

Ordonnons en outre que, conformement aux Edits, Declarations & Arrests rendus par les Rois nos Predecesseurs, les Commissaires desdites deux Compagnies s'assembleront dans la Chambre du Conseil, lès-la Chambre des Comptes, & dans l'enceinte d'icelle, pour juger les matieres dont on demandera la revision, en consequence des Lettes Patentes que Nous accorderons à cet effet, & que les Commissaires desdites deux Compagnies seront en nombre égal, sauf lorsqu'il s'agira de revision de Jugement rendu par la Chambre en matiere de correction & discipline sur ses Officiers; auquel cas il y aura deux Officiers de notredite Cour de Parlement de plus que de notredite Chambre, conformement au Reglement.

X X V I.

Voulons & entendons que le Reglement du 6. Avril 1604. rendu entre lesdites deux Compagnies, soit executé en tout ce qui n'est pas contraire aux Edits des mois de Juillet 1626. Avril 1630. Fevrier 1632, & autres posterieurs, ensemble aux dispositions des Presentes.

X X V I I.

Et pour éviter à l'avenir tout differends entre les deux Compagnies, pour le fait de la Jurisdiction, ordonnons que lorsqu'il surviendra entr'elles quelques difficultés, nos Avocats & Procureurs Generaux de l'une & de l'autre Compagnie s'assembleront au Parquet de ceux de notre Cour de Parlement pour en conferer & les regler. Et où ils ne pourroient se concilier, voulons qu'il soit nommé des Commissaires en nombre égal par chacune desdites Cours, lesquels tiendront leurs conference en la Grand'-Chambre de notre Cour de Parlement, les Commissaires de notredite Cour de Parlement siegeant à droite, & ceux de la Chambre à gauche.

X X V I I I.

Et si enfin lesdits Commissaires ne pouvoient terminer leurs differends par la voye des conferences, ils dresseront respectivement des Memoires de leurs difficultés, qui Nous seront envoyés, pour y être par Nous pourvû, ainsi qu'il appartiendra, toutes choses cependant demeurant en état. Faisons deffenses auxdites Compagnies de se pourvoir en notre Conseil, avant que lesdites Conferences ayent été tenues en la forme ci-dessus.

XXIX.

X X I X.

Et en ce qui concerne la demande de ladite Chambre, inferée en l'Arreft de notre Confeil du 19. May 1704. fans avoir égard aux Reglemens de notre Cour de Parlement du 19. Juillet 1679. en ce qui regarde les taxes des voyages des Officiers de la Chambre, ordonnons qu'elles feront reglées fur le même pied que celles des Prefidens, Confeillers, Avocats & Procureur Generaux de notre Cour de Parlement.

X X X.

Et fur le furplus des Requeftes, fins & conclufions de toutes les Parties, Nous les avons mifes hors de Cour & de procès. Si vous mandons & enjoignons que ces Prefentes vous ayez à faire lire, publier & regiftrer, & le contenu en icelles garder & executer felon leur forme & teneur, ceffant & faifant ceffer tout trouble & empêchement, & nonobftant toutes chofes à ce contraires. Car tel eft notre plaifir. Donné à Verfailles le huitiéme jour de Septembre l'an de grace mil fept cent vingt-fept, & de notre Regne le treizime, figné LOUIS, & plus bas, par le Roy, PHELYPEAUX.

Lues, & publiées & regiftrées, ouy & ce requerant le Procureur General du Roy, pour être executées fuivant leur forme & teneur. Fait en la Chambre des Comptes de Dijon, le quinze Decembre mil fept cent vingt-fept, figné, CINQFONDS.

9 782329 254425